Se faire obéir sans (*forcément*) punir !

Direction de la publication
Isabelle Jeuge-Maynart

Direction éditoriale
Catherine Delprat

Responsable d'édition
Bethsabée Blumel

Direction artistique
Emmanuel Chaspoul

Couverture
Véronique Laporte

Mise en page
Sophie Compagne

Avec la collaboration de
Jean-Pierre Baril

Fabrication
Anne Raynaud

ISBN : 978 2 03 586741 4

Docteur Gilles-Marie VALET

Se faire obéir sans (*forcément*) punir !

LAROUSSE

À Manuelle, quand elle était petite fille.

Pour Juliette et Yvan lorsqu'ils seront parents.

À Renée-Laure et Serge,
mes parents
À Anne et Laurent,
ceux de Léo, Arthur et Noé
À Nathalie P., et Stéphane C.,
et à tous les parents qui chaque jour m'honorent de leur confiance.

Vous voulez le punir ? Privez-le de danger. »

Edmond Rostand, *Cyrano de Bergerac,* (acte III, sc. ii).

« Il faut exiger de chacun ce que chacun peut donner. L'autorité repose d'abord sur la raison ; »

Antoine de Saint-Exupéry *(Le Petit Prince)*

SOMMAIRE

INTRODUCTION 8

LES PUNITIONS ONT-ELLES UNE ORIGINE ? 12

Petit tour d'horizon (historique et géographique) des punitions **12**

POURQUOI PUNIT-ON ? 20

Comprendre ou punir ? **21**

La part des émotions **27**

QUI PUNIT ? 43

Place et rôle de celui qui punit **44**

De l'autorité sans autoritarisme ni laxisme **52**

Y A-T-IL UN ÂGE POUR PUNIR ? COMPRENDRE SON ENFANT 72

Du petit prince à l'enfant roi, pour en finir avec le mythe de l'enfant-tyran **73**

Quand l'enfant devient autonome **82**

Quelques situations spécifiques **93**

QUE PUNIT-ON ? DÉFINIR CE QUI EST PUNISSABLE 103

Au fait, qu'est-ce qu'une bêtise ? **104**

Une question de développement cognitif **107**

La question des valeurs **111**

LES SEPT PUNITIONS CAPITALES 115
De la punition consécutive à la punition compensatoire **116**

COMMENT PUNIR ? 124
Ce que l'on doit favoriser **125**
Ce que l'on doit éviter **138**
Et les récompenses, dans tout ça ? **148**
Quelques exemples de sanctions éducatives **155**

DANS QUELLES SITUATIONS PUNIR ? 160
À la maison **161**
Et au dehors **176**

CONCLUSION 187

BIBLIOGRAPHIE 191

INTRODUCTION

UN MONDE SANS PUNITION ?

Quand j'ai évoqué avec une amie psychiatre l'idée d'écrire un livre sur les punitions, cette mère de trois enfants, âgés de 9 à 17 ans, m'a répondu qu'elle n'avait jamais puni ses enfants, trouvant que cela ne servait à rien ! Aujourd'hui, son fils et ses deux filles sont parmi les individus les plus respectueux et les plus confiants en eux-mêmes que je connaisse… Mais ce qu'elle omet de préciser, c'est que leur père n'a jamais hésité à hausser le ton et à sévir quand les bornes étaient dépassées !

On peut se poser la question : peut-on ne jamais punir ses enfants et réussir leur éducation ? La plupart des adultes vous répondront que c'est impossible, que leur éducation s'est construite sur la base même des punitions. Certains pourront se targuer d'une correction mémorable, d'autres d'une injuste sanction, tous vous diront avoir grandi avec et s'en être remis.

Actuellement, on reproche souvent à Françoise Dolto d'avoir encouragé les parents à un certain laxisme. Fustigeant leur manque d'écoute et d'empathie, elle serait responsable du développement d'une forte culpabilité parentale à l'origine des dérives éducatives que l'on constate aujourd'hui : parents interdits de punir, déresponsabilisés et en perpétuelle recherche d'assistance ; enfants rois ou tyrans en culottes courtes, que l'intolérance à la frustration rend en permanence insatisfaits et revendicatifs.

Certes, en reconnaissant que le bébé, et par la suite l'enfant qu'il devient, est une personne, Dolto posait les bases de principes éducatifs révolutionnaires dans le contexte de sa génération. On pourrait en effet rappeler en le schématisant l'état d'esprit de cette période : l'enfant, considéré comme le *fruit* de ses parents (et du fruit à l'objet, il n'y a qu'une branche), leur devait respect et obéissance ; ses bêtises devaient être sévèrement sanctionnées et les châtiments pouvaient être corporels si la faute le justifiait !

Aujourd'hui, il est fort probable que Dolto proposerait d'autres pistes de réflexion, adaptées aux évolutions d'une époque auxquelles elle a contribué. Car, de nos jours, les parents semblent bien désemparés quand il s'agit de poser les bases d'une éducation moderne.

En effet, les principes éducatifs ont eux-mêmes évolué. Autrefois, il s'agissait avant tout d'inculquer à l'enfant les règles de la communauté, les lois et les codes moraux auxquels il aurait à se conformer pour devenir un adulte responsable et un honnête citoyen, respectueux de la société dans laquelle il évolue. À notre époque, il s'agit surtout de permettre à l'enfant de devenir lui-même, c'est-à-dire un individu singulier, en lui donnant la possibilité de développer ses qualités propres, de révéler son potentiel et d'optimiser ses chances de réussir sa vie.

Or, après une époque que d'aucuns considèrent comme trop permissive, les promoteurs d'une nouvelle autorité reviennent sur le devant de la scène. Pédiatres, sociologues, psychopédagogues, spécialistes en tout genre font ainsi l'apologie de plus de limites et d'une sévérité accrue.

Parallèlement, le politique s'invite au débat familial. Il est question de légiférer, d'établir de nouvelles lois pour condamner les châtiments corporels et les parents qui y auraient recours. La fessée devient un délit et les punitions excessives menacent de transformer en délinquants les adultes trop zélés.

Dans ce contexte, de nombreux parents s'interrogent en consultation : « Que dois-je faire quand il se conduit comme ceci ou cela ? » Coincés entre des grands-parents qui trouvent parfois qu'on « leur passe tout », et la meilleure copine qui a lu dans tel magazine qu'il faut laisser s'exprimer « tout le potentiel imaginatif de son enfant », il leur devient difficile de se positionner. D'autant que la réalité du quotidien les confronte parfois à des situations difficiles à gérer.

Entre la gifle partie dans l'impulsion d'une réaction de colère ou d'inquiétude, la punition savamment réfléchie mais excessivement sévère ou douloureuse et l'absence de sanction au prétexte que « ce n'est pas si grave... », les parents ne sont pas toujours assurés de la meilleure réponse à donner aux bêtises plus ou moins graves de leur progéniture.

Un des propos de cet ouvrage consiste à réfléchir au rapport parfois assez ambivalent que nous entretenons vis-à-vis de la punition. D'autant que celle-ci est souvent présentée comme incontournable. Mais est-ce parce qu'elle intervient comme le meilleur choix éducatif ou parce qu'elle s'inscrit dans la longue tradition des châtiments infligés aux enfants ?

L'Histoire apporte un regard intéressant sur l'évolution de leur place dans l'éducation des enfants. Ouvrir le livre sur ces notions permet de souligner le lien entre le sentiment que la punition est indispensable et son inscription dans un héritage avec lequel on a du mal à rompre. D'autres facteurs interviennent, bien sûr, et seront traités secondairement. Entre une mesure qui se voudrait éducative et une intervention qui n'a pour fonction que de soulager l'adulte contrarié, le choix n'est pas toujours conscient ni bien réfléchi. Les émotions nous influencent et parasitent des considérations purement éducatives.

Quelle place occupent nos propres souvenirs d'enfance dans le fait de considérer *a priori* qu'une bonne correction « n'a jamais fait de mal à personne » ou, à l'inverse, de se montrer opposé à toute forme de sanction ? Car l'adulte qui punit a toujours été un enfant, qui n'a peut-être pas toujours été sage...

De quelle sanction a été victime le fils qui sommeille dans le parent qui sévit ? Qui punit qui ? interroge ainsi le cœur de l'ouvrage, évoquant la place et le rôle des parents, de même que la question fondamentale de leurs rapports avec leur enfant. Reconnaître des droits aux enfants n'équivaut pas à leur donner *tous* les droits. Il s'agit avant tout de percevoir qu'ils ont une volonté propre, des goûts à eux, des états d'âme...

Leurs pulsions physiologiques et les désirs qu'elles génèrent les poussent naturellement à exprimer des envies ou à réaliser des expériences qu'il appartient à l'adulte de canaliser, tout en respectant leur développement physique, affectif et moteur au cœur de l'élaboration de leur personnalité et de la façon avec laquelle ils gèrent leurs émotions. Mais si obéissance et autorité se montrent indubitablement liées, qu'en est-il de la désobéissance ? N'est-elle pas l'expression d'une liberté nécessaire à l'enfant dans une éducation qui se révèle permissive ? L'autorité parentale intervient-elle comme un élément inhibiteur ou stimulant de son développement psychique et affectif ? Il s'agit alors de bien cerner le rôle de la sanction dans l'éducation des plus jeunes, mais aussi sa place au moment plus critique de l'adolescence.

Léo, dont l'entrée dans sa seizième année n'a pas réduit la loquacité ni altéré des facultés d'analyse héritées d'un âge de raison riche en questionnements, souligne tout le paradoxe éducatif de ses parents : « Ils m'ont appris à marcher et à parler et maintenant ils voudraient que je reste dans ma chambre et que je la boucle ! » D'autres vignettes cliniques, plus ou moins tendres ou graves, illustrent ainsi cet essai qui se veut à la fois un manuel de théorie pratique et un guide réfléchi des bonnes et des mauvaises punitions. Il se conclut par l'exposé de situations que de nombreux parents sont venus raconter dans le secret du cabinet de consultation : colères incontrôlables, mensonges à répétition, manque de respect…

Quelles solutions existent pour éviter que ne se développent des comportements inadéquats, ingérables ou antisociaux ? Comment faire comprendre à l'enfant ses erreurs et l'encourager à faire les bons choix, ou l'amener à reconnaître ce qui est interdit et intégrer les règles, à réprimer ses envies inappropriées et accroître sa capacité à supporter les frustrations ? Doit-on sévir à moitié lorsque la faute est avouée et à demi pardonnée ? Quant aux mauvaises notes, doivent-elles toujours être réprimandées ?

Ces situations qui interpellent de façon plus spécifique trouvent ici des propositions et des réponses appropriées. Plus que de répondre à la question : la punition est-elle vraiment utile ? Il faut se demander ce qu'elle apporte à l'enfant dans son éducation et aux parents dans la dynamique relationnelle.

Ce livre qui a pour ambition de proposer une vraie réflexion sur l'autorité des parents et l'obéissance des enfants, veut promouvoir les principes d'une éducation sereine.

1

LES PUNITIONS ONT-ELLES UNE ORIGINE ?

Les plus anciennes représentations de groupes sociaux apparaissent sur de très rares dessins de grottes, mais personne ne peut savoir si l'homme préhistorique punissait, ou non, ses enfants. L'Histoire nous enseigne pourtant que l'utilisation et la nature des punitions ont régulièrement changé au fil des temps, alternant des périodes d'assouplissement et de durcissement.

PETIT TOUR D'HORIZON (HISTORIQUE ET GÉOGRAPHIQUE) DES PUNITIONS

Châtiments bibliques

Il faut remonter aux textes anciens pour trouver quelques informations. Ainsi, le Deutéronome, cinquième livre de l'Ancien Testament, contient ce qui serait les trois derniers discours de Moïse formant un Code de lois. Il y est noté que « lorsqu'un homme a un fils rebelle et en révolte, qui n'écoute ni son père ni sa mère s'ils lui font la leçon, alors son père et sa mère le conduiront de force hors de la ville où tous les hommes le lapideront jusqu'à sa mort ».

Dans le *Livre des proverbes,* la correction de l'enfant est plusieurs fois conseillée : « N'épargne pas la correction de l'enfant ; si tu le frappes de la verge, il n'en mourra pas. »

Dans l'Ecclésiastique, un des livres de l'Ancien Testament écrit vers 200 av. J.-C., il est écrit que « celui qui aime son fils lui donne souvent le fouet afin de pouvoir trouver sa joie en lui ». On y trouve aussi ce conseil : « Frappe ses reins tant qu'il est enfant, sinon, une fois devenu opposant, il ne t'obéira plus. »

Le Nouveau Testament atténue le caractère légitime de la violence punitive sur les enfants. Jésus a un discours positif sur l'enfance, invitant chacun à revisiter sa propre enfance et à faire preuve d'empathie : « Si vous ne revenez pas à l'état d'enfance, vous ne pourrez pénétrer dans le royaume des cieux. » Saint Paul, tout en demandant aux enfants d'obéir à leurs parents au nom du Seigneur, conseille également aux parents de la mesure dans leur conduite éducative et leurs éventuelles sanctions, comme dans cet extrait des Épîtres : « Parents, n'exaspérez pas vos enfants de peur qu'ils ne se découragent. »

Les parents pourraient aussi se sentir concernés par cet autre extrait de son Épître aux Romains : « C'est un devoir pour nous les forts de porter les faiblesses de ceux qui n'ont pas de cette force et de ne point rechercher que ce qui nous plaît. » Malgré cela, pendant des siècles, la notion de péché originel servira de justification aux châtiments corporels exercés sur les enfants.

Droit de vie et droit de mort sur l'enfant

Dans le mythe grec d'Œdipe, on voit que l'enfant peut être conduit à expier les fautes de son père et que la notion de punition, laquelle n'est pas forcément d'origine divine, pèse parfois sur sa destinée.

Dans l'Antiquité grecque et romaine, l'exercice de l'autorité nous interpelle. Le père avait le droit de frapper comme il l'entendait, tout comme les percepteurs ou autres éducateurs auxquels l'enfant était parfois confié. Il était même possible de vendre son enfant comme esclave ou de le mettre à mort en cas de manquement extrême. Seul le père possédait ce droit.

Dans l'Empire byzantin, l'enfant pouvait être puni du fouet, du cachot, ou marqué au fer afin d'être désigné comme un mauvais fils.

Un discours plus chrétien

Dans l'Empire franc, si le père est autorisé à frapper son enfant, il ne doit pas porter atteinte à sa vie. Il lui est conseillé de préférer la fréquence des punitions corporelles à leur intensité ; des coups fréquents mais pas blessants.

Chez les Francs, contrairement aux Germains, le père n'a pas le droit de vie ou de mort sur ses enfants. Dans les cas extrêmes, il n'a que le pouvoir de les faire emprisonner si leurs fautes sont avérées. Quant aux coups, s'ils sont acceptés, ils ne seront ni fréquents ni furieux.

Au long du Moyen Âge se développe un discours, inspiré du message du Christ, qui va de pair avec les représentations picturales de l'enfant Jésus ; il évoque les vertus de l'enfance, appelant à ne pas traiter l'enfant comme un animal et à limiter les châtiments à son égard. Dans certains monastères où sont élevés des enfants, on réprouve les châtiments corporels et l'on commence à évoquer certains devoirs des parents vis-à-vis d'eux. À telle enseigne que des théologiens s'en inquiètent comme saint Thomas d'Aquin (1228-1274).

Ce philosophe scolastique et religieux, qui exerça une influence majeure, rappelait à l'ordre les parents et, les considérant responsables des actes de leurs enfants, il les invitait à davantage de fermeté : « Les enfants d'un méchant homme se plaindront de leur père parce qu'il est cause qu'ils sont en opprobre, pour avoir été mal élevés. » Il affirmait ainsi que les enfants en voudront davantage à leur père de sa faiblesse que de ses punitions. Car pour celui qui fut élevé dans une abbaye dès l'âge de six ans, les enfants sont naturellement malfaisants (référence nette à la notion de pêché originel) et ont besoin de corrections et de temps pour intégrer les règles.

Cependant, dans son traité *De l'éducation des princes,* saint Thomas conseille d'adapter la correction au tempérament de l'enfant : « Il est nécessaire de combattre ces funestes tendances des enfants de peur qu'ils ne s'y abandonnent ; mais diversement selon leurs différents caractères. Car il y en a qui se laissent facilement conduire, et qu'il n'est pas nécessaire de mener de force et avec violence, mais qu'il suffit de diriger. D'autres, au contraire, qu'on est obligé de tirer de force et de contraindre avec fermeté [...]. »

Régime absolutiste, punitions sans limites

À partir de la Renaissance, on assiste à un nouveau durcissement dans les méthodes pédagogiques. Les mineurs sont condamnés par la justice aussi sévèrement que les adultes, malgré les sévères critiques de quelques intellectuels inspirés par l'humanisme comme Érasme au xve siècle, Montaigne au xvie, Madame de Maintenon au xviie ou encore le médecin anglais John Locke, qui désapprouvent les châtiments corporels.

Pour Montaigne (1533-1592), « il vaut mieux une tête bien faite qu'une tête bien pleine ». Il prône une éducation qui s'adapte à la personnalité de l'enfant, jugeant la discipline à l'école violente, nuisible et responsable des mauvais comportements de l'enfant. Pour John Locke (1632-1704), le plaisir à faire souffrir ne saurait être chez l'enfant autre chose qu'une inclination acquise et étrangère à la nature, une habitude résultant de l'exemple de la société car « nous encourageons les enfants à frapper et à rire quand ils ont fait du mal aux autres ». « Tout ce qu'on leur apprend de l'Histoire ne consiste qu'en récits de batailles et de massacres », note-t-il dans *Quelques pensées sur l'éducation.* Il conseille de privilégier le respect, d'encourager les talents et les centres d'intérêt de l'enfant, l'éducation par l'exemple de la vertu plutôt que les brimades.

L'historien Philippe Ariès relève que plus les sociétés sont centralisées et despotiques, plus les punitions corporelles infligées aux enfants sont sévères que ce soit socialement ou familialement.

La révolution des Lumières : « laisser l'enfant libre en toutes choses » ?

La fin du xviiie siècle verra s'installer en France, sous l'influence de la philosophie des Lumières, un discours limitant la sévérité des châtiments sur les enfants.

Les réflexions sur l'éducation des enfants, avec notamment *l'Émile* de Rousseau, annoncent le début d'une révolution en de domaine qui se poursuit jusqu'à aujourd'hui. Pour Rousseau (1712-1778), l'enfant s'instruit par lui-même grâce à l'observation de la nature ; grâce aux voyages pour les plus grands. Il préconise la patience aux éducateurs, considérant que chaque enfant évolue à son propre rythme. Plutôt que de punir l'enfant qui perd son manteau ou casse le carreau de sa chambre, il conseille de le laisser avoir froid afin qu'il prenne conscience des conséquences de ses actions.

La Révolution abroge le pouvoir qu'avaient les pères de famille de faire emprisonner leur enfant, même adulte, sur une simple lettre de « cachet », sans justifications nécessaires. Les mineurs partageaient alors les conditions d'incarcération des détenus adultes.

Emmanuel Kant, philosophe allemand (1724-1804), insiste sur l'apprentissage de la liberté donnée à l'enfant. Cependant, écrit-il dans ses *Réflexions sur l'éducation,* « il faut laisser l'enfant libre en toutes choses depuis la première enfance (exception faite des choses en lesquelles il peut se nuire à lui-même, par exemple lorsqu'il veut saisir un couteau tranchant), mais à la condition que l'enfant ne s'oppose pas à la liberté d'autrui ; par exemple lorsqu'il crie, ou lorsqu'il est d'une gaîté par trop bruyante et ainsi incommode les autres. On doit lui montrer qu'il ne saurait parvenir à ses fins si ce n'est en laissant les autres atteindre les leurs, par exemple qu'on ne fera rien qu'il lui plaît s'il ne fait pas ce que l'on veut, qu'il doit s'instruire, etc. On doit lui prouver qu'on exerce sur lui une contrainte qui le conduise à l'usage de sa propre liberté, qu'on le cultive afin qu'un jour il puisse être libre, c'est-à-dire ne point dépendre des attentions d'autrui. »

Code civil et autorité bourgeoise du *pater familias*

Mais la violence punitive intrafamiliale dont sont victimes les enfants reste une réalité tout au long du XIXe siècle et même au-delà, malgré les critiques d'intellectuels comme George Sand ou Victor Hugo.

D'ailleurs, dès 1803, le Code civil de Napoléon condamne les coups et blessures volontaires sauf si ce sont des coups et blessures portés par le père sur ses propres enfants. Cette autorité totale accordée au *pater familias* est restaurée en 1804 avec la possibilité pour le père de faire interner ou incarcérer son enfant comme au temps des lettres de cachet. La durée de cet enfermement ne peut cependant excéder un mois.

Le père conserve également (et ce jusqu'en 1935) un droit de sanction allant jusqu'à la possibilité, sur simple demande, de placer son enfant mineur (âgé de moins de 21 ans) en maison de correction. C'est dans ce même lieu que sont placés les mineurs délinquants. Ainsi, le père détenait, sans avis initial de la justice, le pouvoir de désigner son enfant comme délinquant en adressant une demande d'internement au juge de première instance. Celui-ci, sans enquête complémentaire, déterminait un lieu d'enfermement et la durée de la peine (jusqu'à un an renouvelable) en fonction du degré de gravité de la faute indiquée par le père.

Pouvoir répressif de l'État

Parallèlement, un enfant pouvait être placé en maison de correction par un juge à la suite de la plainte d'un particulier, sans que le père puisse s'y opposer. Ainsi Marie Rouanet, historienne, auteure des *Enfants du bagne* (Payot), rapporte le cas d'un enfant de 12 ans, au début du xixe siècle, condamné à deux ans de maison de correction en réponse à la plainte du curé de Cintegabelle (Haute-Garonne). Il est jugé coupable de « trouble à l'ordre public sur le parcours d'une procession, pendant l'exercice du culte » parce qu'il ne s'est pas découvert et a tenu des propos irrévérencieux au passage du cortège des fidèles… À partir de 1887, une loi interdit en France les châtiments corporels à l'école. Elle ne sera promulguée en Grande-Bretagne qu'un siècle plus tard pour l'école publique et il faudra attendre 1999 pour l'école privée !

Quant à la France, son application restera imparfaite. À tel point qu'en 1991, une circulaire de l'Éducation nationale a dû notifier de nouveau que tout châtiment corporel est interdit à l'école élémentaire.

Les choses évoluent cependant à la fin du xixe siècle. Ainsi, en 1889, une loi admet la possibilité d'une déchéance de la « puissance paternelle » en cas de mauvais traitements excessifs. Enfin, en 1898, les juges peuvent confier un enfant à l'Assistance publique en cas d'abus de violence sur un enfant. L'objectif était de condamner les comportements brutaux de parents alcooliques, fléau très combattu à l'époque.

Les tribunaux pour enfants sont instaurés en France en 1912. Toutefois, des théories prônant un retour à une pédagogie basée sur la terreur renaissent régulièrement. Citons la *Pédagogie noire*, manuel d'éducation lancé en Allemagne et en Autriche à la fin du xixe siècle par un médecin orthopédiste, le Dr Schreber ou d'autres auteurs, sous l'Occupation, en France, recommandant dans les dossiers pour éducateurs des punitions corporelles plus sévères dans les établissements scolaires.

Punir : un débat permanent?

C'est le 2 février 1945, peu après la Libération, que sont créés en France le juge pour enfants et les services sociaux d'aide à l'enfance. Plus de vingt ans plus tard, les événements de Mai 68 vont cristalliser le désir d'une éducation nouvelle, davantage centrée sur le respect et le libre épanouissement de l'enfant.

En 1989, la France ratifie la convention internationale des Droits de l'homme adoptée par l'ONU dans laquelle les États s'engagent notamment à prendre toutes les mesures pour « protéger l'enfant contre toute forme de violence ou de brutalité physiques ou mentales [...] pendant qu'il est sous la garde de ses parents [...]. Mais aussi pour veiller à ce que la discipline scolaire soit appliquée d'une manière compatible avec la dignité de l'enfant en tant qu'être humain [...]. »

Pourtant, le droit de correction reste admis par la justice française à condition qu'il ne soit pas trop intense, ne laisse pas de séquelles et que son objectif soit le maintien de l'ordre et de la discipline...

En février 1989, la Cour de cassation a reconnu aux maîtres et aux éducateurs un droit de correction similaire à celui des parents. Gifles et soufflets sont tolérés si la santé de l'enfant n'est pas compromise. À des parents se plaignant d'un enseignant qui donnait des claques, la cour d'appel de Caen n'a rien trouvé à redire, car l'enfant ne souffrait pas d'une incapacité de travail supérieure à huit jours. Le 18 juin 2006, le tribunal correctionnel d'Orléans a relaxé un éducateur ayant giflé un enfant de 9 ans, en considérant que ce geste ne « comportait pas d'intention délibérément violente ni dégradante pour l'enfant. Il était destiné à mettre fin à un comportement dangereux et demeurait proportionné à la violence de l'enfant et dans les limites du droit de correction qui doit être reconnu à tout éducateur pourvu ou non de l'autorité parentale ».

Dans les faits, à l'aube de l'an 2000, une enquête de la SOFRES relevait en France que seuls 16 % des personnes interrogées déclaraient ne jamais battre leurs enfants (ce qui ne signifie pas que leur conjoint ne le faisait pas). Soulignons qu'en Grande-Bretagne la loi notifie que rien ne peut limiter le pouvoir des parents de faire respecter la discipline à leurs enfants. Les plus âgées des personnes interrogées, qui ont souvent été battues elles-mêmes, sont celles qui ont eu le plus recours aux punitions physiques vis-à-vis de leurs enfants. L'enquête indiquait également que plus les individus sont diplômés, moins ils déclarent avoir recours aux châtiments corporels, établissant ainsi un parallèle entre le niveau d'instruction reçu et la possibilité d'envisager autre chose comme réponse éducative.

Ces données historiques illustrent bien à quel point la sévérité des punitions comme le recours aux châtiments corporels sont fluctuants et que le postulat « c'était plus dur avant » ne va pas de soi.

On notera toutefois que la question de la punition en elle-même ne se pose pas. Elle semble, quel que soit son mode d'application, s'avérer une constante dans la boîte à outils des parents de toutes les époques. Certes, il en va probablement de l'autorité des parents et des moyens de l'asseoir et de l'exercer. Il s'agit également de la place des enfants dans la société comme au sein de la famille.

Cependant, si l'on ne considère que la punition au sens strict, détachée de son lien à l'Histoire et à l'autorité, on ne peut que s'interroger sur les raisons de sa permanente utilisation, quels que soient les lieux, les époques ou les cultures.

2

POURQUOI PUNIT-ON ?

L'ancienneté et l'universalité du recours aux punitions ne suffisent pas à expliquer les raisons pour lesquelles il semble aller de soi de punir les enfants. Beaucoup de parents se contentent de répondre, lorsqu'on les interroge sur leur recours aux punitions, qu'ils ont eux-mêmes été punis enfants et que cela ne leur a pas fait de mal. Il y a sans doute derrière cette affirmation le souci de protéger ses propres parents ou tout du moins la fonction parentale, comme celui de s'affranchir d'une identité de victime. Cela trahit également la conviction, bien implantée chez l'enfant qu'ils étaient, que la sanction était sans conteste méritée. Cependant, rares sont ceux qui affirment d'emblée que ça leur a fait du bien !

Souvent, un parallèle est établi entre le fonctionnement de la société civile et celui de l'espace familial. Si un homme se rend coupable d'un délit, il sera jugé, condamné et puni. Pourquoi n'en serait-il pas de même de l'enfant ? À cela, on peut aussitôt répondre que si un adulte est en principe censé avoir conscience de commettre un délit, il n'en est pas toujours de même d'un enfant.

Rappelons qu'un mineur de moins de 13 ans est justement considéré comme irresponsable pénalement, car, si aucun adulte n'est censé ignorer la loi, l'enfant, lui, a encore à l'apprendre.

En prenant un peu de distance par rapport aux notions d'habitude familiale ou de coutume sociale, si bien ancrées, nous pouvons aussi imaginer que si cette pratique se poursuit de génération en génération, c'est bien qu'elle sert à quelque chose, ou, pour le moins, qu'elle répond à un besoin.

COMPRENDRE OU PUNIR ?

De nos jours, cependant, on a tendance à essayer de comprendre les enfants plutôt que les punir, même devant leurs débordements les plus excessifs. La notion de punition est perçue comme une marque d'autoritarisme, rappelant une époque reculée où la correction était l'apanage du chef de famille tout-puissant.

Mai 1968 a donné naissance à une génération de parents qui ont transmis à leur tour le sentiment que punir avait des relents de « fascisme ». Le slogan « il est interdit d'interdire », trop sommairement interprété (il concernait surtout la censure et les libertés individuelles), continue de résonner dans l'esprit des nouvelles générations de parents.

Outre les facteurs sociopolitiques, le sentiment d'une certaine fragilité des liens familiaux renforce sans doute ce phénomène. La fréquence des divorces et leur généralisation, les conflits avec ses propres parents ou grands-parents, sont autant de situations vécues qui remettent en question la pérennité des filiations et expliquent que certains parents peuvent éprouver la peur de perdre l'amour de leur enfant.

La difficulté de punir

La punition, qui frustre l'enfant et le contrarie, provoque chez ce dernier des réactions de peine ou d'agressivité qu'il renvoie à l'adulte. Les « je ne t'aime plus » et autres « t'es plus ma maman » sont alors entendus comme de véritables dénis de parenté et pris au pied de la lettre.

Cette remise en question de la relation vient parasiter l'exercice de la fonction parentale, la parentalité. Il devient alors d'autant plus dur de sévir que naît la culpabilité d'être un mauvais parent. Ce sentiment, renforcé par la crainte de traumatiser l'enfant en raison de l'affliction dont il ne manquera pas de faire état, sera d'autant plus vif qu'il accompagne l'idée que si l'enfant a commis une bêtise (celle pour laquelle il vient d'être sanctionné), c'est peut-être aussi parce qu'on n'a pas su l'en empêcher, que l'on ne sait pas se faire obéir sans crier ni sans faire de peine à son enfant…

Cette évolution des relations parents-enfants ne se fait pas simplement dans le sens d'un assouplissement par rapport aux notions couplées de droits et de devoirs. Car si l'époque, en effet, n'est plus à la toute-puissance du chef de famille vis-à-vis du reste de la famille qui lui devait respect et obéissance, elle est marquée par le développement de relations fondées sur la dualité respect et amour.

Dans certaines dynamiques familiales, ces critères ont même radicalement pris le dessus, et les exigences de respect et de devoirs qui en constituaient les principes fondamentaux, ont été remplacées par des ingrédients plus subjectifs tels que la séduction et le plaisir. Le parent craint alors de déplaire à l'enfant et les difficultés relationnelles, l'expression de conflits, les colères ou les bêtises sont perçues comme l'expression de ce désamour.

Il convient alors d'éviter au maximum de contrarier l'enfant, dans une inversion des attentes : c'est la sanction qu'on cherche à écarter, quelles que soient les raisons qui la justifieraient, de peur qu'elle ne provoque des réactions inappropriées. Du moins jusqu'à ce que les débordements deviennent si ingérables qu'ils provoquent en retour une punition encore plus excessive.

L'amour ne suffit pas toujours

Ce qui déséquilibre les rapports parents-enfant, quelles que soient les dyades relationnelles en question (respect/obéissance ou séduction/amour), c'est le manque de réciprocité que ces rapports peuvent établir.

Sur le modèle de relations univoques, soit ce sont uniquement les enfants qui doivent respect et obéissance, les parents n'ayant aucun compte à leur rendre, soit ce sont les parents qui doivent séduire leur progéniture pour obtenir ce qu'ils attendent d'elle. Certes, il existe bien une certaine réciprocité dans ces interactions fondées sur le « je t'aime et tu m'aimes en retour », mais elle ne prend pas toujours en compte la différence générationnelle et les rôles de chacun qu'engendre la filiation.

L'amour ne suffit pas et l'analyse la plus neutre des relations parents-enfants permet d'objecter que celles-ci ne sont pas symétriques : si elles sont bien sous-tendues par une base commune de sentiments (amour parental et filial, tendresse, attachement, confiance...), les droits et les devoirs de chacun sont présents, mais différents.

On peut citer en exemple la protection, l'éducation, les soins... au sujet des devoirs des parents, quand l'obéissance, le respect... peuvent être attendus des enfants. La confiance et l'écoute constituent des axes propres aux deux bords même si, rappelons-le, elles s'exercent selon des modes différents.

Plaire à son enfant ne doit pas constituer en soi une priorité dans la relation éducative. Éducation ne doit pas à rimer avec séduction. C'est avant tout une histoire de transmission : transmission de savoirs, de règles de vie, de valeurs, en s'appuyant sur l'apprentissage de coutumes, d'habitudes, de modes de fonctionnement familial ou scolaire, où s'établissent les limites que détermine ce qui interdit et autorisé...

Les facteurs qui conduisent à recourir aux punitions sont essentiellement de deux ordres : les éléments conscients et raisonnés que l'on justifie aisément, car ils correspondent à la dimension éducative, et les éléments plus inconscients et subjectifs, qui en constituent la part émotionnelle.

Les deux fonctions éducatives des punitions

Il s'agit de répondre à une conduite inappropriée pour en éviter sa reproduction, ou de limiter les débordements de l'enfant, quelle qu'en soit l'origine. Surcharge pulsionnelle, envie ou jalousie excessive, maladresses ou mauvaises intentions... quand il est question de punir, ce qui est en jeu dans ce que l'on considère comme une bêtise n'est pas toujours interrogé.

D'un point de vue éducatif, on peut résumer la fonction des punitions à deux aspects particuliers : celui d'indicateur des limites et celui de renforçateur négatif.

▶ LA PUNITION AGIT COMME INDICATEUR DES LIMITES. Elle vient sanctionner la transgression d'une règle ou la réalisation (en acte et/ou en parole) de quelque chose d'interdit. Quelles que soient les raisons de cet interdit (danger pour l'enfant, non-respect des autres ou de l'environnement, atteintes à des valeurs essentielles pour la famille ou en tout cas pour celui qui punit...), elle intervient pour que l'enfant comprenne que ce qu'il a fait ou dit n'est pas accepté (donc pas acceptable dans ce contexte-là) par l'adulte.

On pourra souligner alors que la valeur éducative de cette indication reste limitée. Car elle ne va porter que sur les zones défendues sans nécessairement dessiner les contours de tout ce qui est autorisé. Or on peut supposer qu'une éducation dynamique doit justement mettre en lumière toutes ces zones praticables et accompagner l'enfant dans l'exécution de ces possibilités. À l'image du tuteur qui, pour aider les jeunes pousses fragiles à s'élever, leur indique la direction du ciel (avant de leur laisser le loisir de s'épanouir comme bon leur semble). À moins qu'on veuille obtenir des bonsaïs, pour lesquels on utilise des ligatures et des pots étroits, afin de maintenir leurs tiges et d'atrophier leurs racines.

····❯ Murielle est la mère d'un petit garçon de deux ans et demi. Il ne va pas encore à l'école, mais son intérêt pour les livres est très dévastateur… Pour parer aux catastrophes quand il s'empare des ouvrages de peintres célèbres qu'elle collectionne ou éviter des conflits avec sa grande sœur quand il manque de déchirer ses cahiers, elle lui a acheté ses propres albums en papier cartonné. Elle n'hésite plus alors à lui interdire tout contact avec livres et cahiers, lui proposant en échange les albums qui lui sont destinés.

« NON ! dit-elle alors, pas ceux-là ; mais ceux-ci, tu peux... »

► LES PUNITIONS S'EXERCENT AUSSI COMME RENFORÇATEUR NÉGATIF : l'intervention disciplinaire a pour vocation par sa répétition de faire disparaître un comportement inopportun. Le terme négatif est à entendre dans le sens qu'il permet de soustraire quelque chose de préexistant, indépendamment du caractère agréable ou non du procédé utilisé (à l'inverse, un renforçateur positif encourage l'apparition ou l'accentuation d'un phénomène, que celui-ci soit recherché ou indésirable...).

Ainsi Myriam, quand elle donne un bonbon à Abdel à chaque fois qu'il *ne* fait *pas* de bêtise à l'école, utilise un renforçateur négatif, même si son fils trouve ça très positif...

Cependant, les mécanismes en jeu s'appuient le plus souvent sur la dissuasion. En effet, les punitions incitent l'individu à renoncer à un comportement en l'associant à une conséquence désagréable.

À ce titre, on peut souligner que cet aspect des choses trouve son expression la plus concrète, et de fait la plus critiquable, dans les châtiments corporels. Pour que l'enfant se souvienne bien (on pourrait se demander de quoi : de sa faute, de ce qui lui est interdit, ou de la punition elle-même ?) pour que « ça rentre bien », on pense qu'il faut « marquer le coup », aussi bien physiquement que psychiquement.

D'ailleurs, dans ce type de corrections, ce n'est pas par hasard si les coups sont portés sur la tête : comme si cela permettait de faire « rentrer les choses » plus facilement...

Cette fonction de renforçateur négatif peut aussi être comprise dans sa dimension d'exemplarité. Comme dans cette famille nombreuse où l'aîné est systématiquement corrigé devant le reste de la fratrie pour s'assurer que ses frères ne feront pas la même chose. Un parallèle peut s'établir entre cette pratique et les exécutions en place de grève, ou, ce qui a encore malheureusement en cours dans certains pays, les lapidations ou autres châtiments publics...

Qui aime bien châtie bien ? Vraiment ?

Pendant longtemps, une médecine qui soit douce n'était pas concevable : pour bien soigner, le docteur avait toute légitimité à faire mal. Rien d'étonnant à ce qu'en matière d'éducation, les mêmes principes se retrouvent : que pour bien élever, il faille bien punir, et que pour bien punir, il faille faire de la peine à l'enfant, comme pour combattre le mal qu'il y a en lui. Malheureusement, ces conceptions peuvent légitimer chez certains parents des attitudes très maltraitantes. Ceux-ci ne font pas toujours preuve volontairement de malveillance : ils ne prennent pas toujours conscience de la maltraitance à l'œuvre, car ils ont l'impression de taper non sur l'enfant, mais sur le mal qu'il a dans le corps.

Fauter, pêcher, punir : la dimension expiatoire

Il y a dans la punition une dimension expiatoire née de l'idée que pour effacer sa faute, il faut subir une peine. Cette intention de pénitence, bien souvent inconsciente ou non formulée, prend sa source dans une culture et une morale essentiellement judéo-chrétiennes. Fauter, c'est pécher ; punir permet d'expurger le péché, ce qui ne peut se faire que dans la douleur... Si cet aspect, ainsi caricaturé, reste le plus souvent inconscient et dénié par les parents, c'est qu'il s'inscrit depuis des générations dans un modèle éducatif où prévaut une morale qui reste teintée de croyances religieuses.

C'est oublier que la pénitence n'est à l'origine que le remords d'avoir offensé l'Autre, accompagné de l'intention de ne pas recommencer. Aussi n'est-il pas nécessaire que la sanction soit mortifiante, si la prise de conscience de ce qui a été fait est bien réelle et l'intention de changer profondément sincère.

Les exemples ne manquent pas de ces convictions inconscientes nourries par l'idée mystique que le bien et le mal ne cessent de se combattre en l'homme et qu'il faut du mal pour combattre et chas-

ser le mal(in)... Ainsi s'associe à la punition l'idée subliminale du sacrifice ou de la souffrance.
Si la culture et la morale influencent le recours aux punitions, les émotions, sous l'influence desquelles nous sommes en permanence, jouent également un rôle dans nos réactions et dans nos relations avec les autres.

LA PART DES ÉMOTIONS

Elle est bien sûr très présente avec nos enfants qui nous sollicitent à chaque instant de notre vie et avec qui nous entretenons des liens particulièrement privilégiés sur le plan affectif.

L'enfant, notre miroir

L'enfant possède en lui une part de ce qu'il a hérité de nous, et nous renvoie ainsi une certaine image de nous-mêmes. Il porte aussi nos espoirs, ceux que l'on a pour lui, mais également ceux que nous n'avons pu accomplir et que l'on espère ainsi réaliser par procuration.

Ces attentes peuvent générer des impatiences et des frustrations et être à l'origine de colères, de réactions d'hostilité qui préparent la voie à des punitions pas toujours justifiées. On oublie parfois en tant que parent que devenir adulte demande du temps et qu'il est naturel qu'un enfant soit imparfait et ne réussisse pas du premier coup ce qu'on lui demande de faire.

Les erreurs, les manquements, les maladresses ou les bêtises volontaires que l'enfant peut commettre nous renvoient une image négative de lui et par conséquent de nous-mêmes. On est alors plus sévère, car la déception renforce la colère. « Qu'ai-je donc fait pour que mon enfant soit ainsi ! », peuvent se dire les parents agacés par un défaut de conduite de leur héritier.

Un exemple typique consiste dans la gestion des devoirs scolaires. Plus un parent s'implique dans l'accompagnement des leçons et des exercices, plus il risque d'être déçu par les résultats obtenus aux contrôles. Tout se passe comme si la mauvaise note lui était directement adressée.

L'acte que l'enfant commet génère aussi des réactions émotionnelles chez l'adulte. Or les émotions des parents, aussi diverses soient-elles, et leurs capacités à les gérer, jouent pour une large part dans leurs réactions face aux maladresses ou aux bêtises de l'enfant.

C'est le plus souvent en écho à ces émotions que le parent va être tenté de punir son enfant et la nature et la sévérité des sanctions qui en découlent vont également être sous cette influence. Voici la liste des émotions que l'on retrouve le plus souvent.

Commune et fréquente, la gêne

C'est la première émotion que l'on peut citer. Cette impression désagréable que l'on ressent quand on est mal à l'aise est favorisée par le manque d'assurance. Elle peut nous sidérer et nous laisser comme entravés ou incapables de bien réagir.

La gêne peut survenir après le constat d'une bêtise qui nous embarrasse, en raison des désagréments qu'elle provoque, des considérations de l'entourage qu'elle génère, mais cette gêne peut aussi agir comme révélateur d'une situation que l'on jugera secondairement comme fautive – même si elle reste sans conséquences – parce qu'elle engendre un malaise et vient perturber le bon déroulement du cours des choses.

Or ce sentiment parasite peut également favoriser une interprétation erronée des manifestations de l'enfant.

> ····› Marjolaine a l'habitude, lorsqu'elle rentre de sa journée de travail après avoir récupéré Hugo à la crèche, de faire de petites courses à la supérette du coin. Or, quasi systématiquement, Hugo fait un caprice, réclame les paquets de gâteaux qui s'exhibent en tête de gondole ou remet obstinément dans le caddie les bonbons qu'elle s'évertue à replacer dans les rayons. Cela finit invariablement par une punition et des pleurs – quand le tout n'est pas couronné d'une belle colère !

Si l'on observe la situation, force est de constater que le comportement du petit garçon, à proprement parler, n'a pas de conséquences désastreuses : pas de bouteille cassée, pas de carie ni d'indigestion (ni les bonbons ni les gâteaux ne sont ingurgités), pas de gens importunés (jusqu'au moment critique où l'agacement de la mère et les pleurs du fils commencent à retentir...). Lorsqu'on interroge Marjolaine, elle évoque surtout les regards que certains jettent sur son fils, « qu'ils doivent considérer comme mal élevé et capricieux », pense-t-elle. L'idée qu'on puisse la considérer comme une mauvaise mère, incapable de se faire obéir, la dérange par-dessus tout.

Si Hugo pouvait analyser ses ressentis, il est probable qu'il parlerait, lui, de sa frustration devant tant de délices, alors qu'il attend avec impatience, affamé, de pouvoir prendre enfin son goûter.

Cette gêne peut résulter d'un sentiment de honte, autre réaction affective que l'adulte peut être amené à éprouver en présence de son enfant. La crainte du jugement d'autrui, l'humiliation ressentie, l'impression que nous, parents et enfants, nous conduisons « mal », sont autant d'éléments qui parasitent le bon déroulement de nos actes.

Il est bien vain dans ces moments de considérer que l'on n'est pas dans les pensées de l'autre pour savoir véritablement ce qu'il pense, et qu'il importe davantage de comprendre ce qui est à l'origine de ce qui a perturbé notre enfant que de se focaliser sur ce que l'entourage ne ressent peut être même pas...

Or ce sentiment d'embarras favorise également une perte de moyens, qui laisse souvent le parent démuni devant les solutions à trouver. La punition apparaît alors comme une réponse simple et directe au problème dont l'enfant est considéré comme l'auteur.

D'autant que la gêne, parfois, ne fait que favoriser l'attention portée aux conséquences :

- Tout le monde me juge, se demande si je suis une bonne mère, constate que je suis un père inattentif, peu attentionné…

- Les gens vont penser que mon enfant est mal éduqué, que je le maltraite…

- Il va falloir rembourser ce qu'il a cassé ou abîmé…

Ces a priori nous empêchent de considérer ce que l'on sanctionne sous un angle suffisamment objectif pour préciser sa nature réelle, voire son origine. S'agit-il d'une maladresse, d'une erreur ? Est-elle due à la fatigue, à un besoin non satisfait (comme dans le cas d'Hugo pour qui les choses se sont arrangées dès qu'il a pu déguster un goûter avant de faire les courses) ou à un manque de maturité ? En de tels cas les réponses à proposer peuvent différer : il a peut-être besoin d'aide, de temps pour apprendre à faire certaines choses, de soutien pour développer telle aptitude… La réaction qui se contente de sanctionner peut alors produire un effet inhibiteur sur le comportement et l'autonomie de l'enfant. Il pourra, par la suite, avoir peur d'essayer, craignant de se tromper et d'être puni, et développer ainsi une peur de l'échec.

La peur, une émotion courante

Elle est ressentie lorsqu'on se sent confronté à un danger, qu'il soit physique ou affectif, réel ou bien imaginaire comme celle qui s'exprime dans les phobies. Pour les parents, ce danger est aussi celui qui menace leur enfant.

La peur peut se manifester en réaction directe à un danger objectivé (un enfant qui traverse la rue sans regarder au moment où une voiture passe) ou supposé (il porte à la bouche un objet ramassé au sol et que l'on imagine infesté de bactéries pathogènes).

Elle peut également se ressentir de façon diffuse ou distanciée sans qu'un épisode en soit directement à l'origine : comme la peur que notre enfant contracte une maladie, qu'il lui arrive « quelque chose », qu'il disparaisse – emporté par la mort ou par un inconnu… –, sans qu'il y ait de raisons objectives de le redouter. Enfin, il y a les peurs liées à ce que l'on craint qu'il fasse (qu'il blesse un autre enfant, qu'il crée une catastrophe ou qu'il nous discrédite au regard de notre entourage…).

Ce qui fait peur à l'un fait sourire l'autre

Les neurobiologistes ont localisé la zone responsable de l'activation de la peur dans des régions spécifiques du cerveau, au niveau des lobes temporaux. Certains des facteurs qui la stimulent sont propres à tout le monde (ils sont en partie codés génétiquement, comme la peur de l'inconnu que l'on retrouve chez tous les mammifères); d'autres sont propres à chacun, en fonction d'éléments éducatifs, de vécus ou de traumatismes personnels. Cette part éducative se retrouve aussi dans ce qui nous a été transmis des craintes de nos propres parents et dans celles que nous léguons à notre descendance. Cela explique à la fois la très grande diversité de ces craintes, mais également leurs subjectivités. Ce que certains redoutent fera sourire d'autres parents alarmés par des situations qui laisseront les premiers indifférents.

La peur est une nécessité vitale, car elle favorise un regain de vigilance qui permet de se protéger lorsque le danger est réel ou de trouver des réponses pertinentes à des situations compliquées. Mais elle peut s'avérer néfaste si elle est trop intense et non justifiée, ou trop envahissante pour permettre une réaction adaptée. Cette dernière est alors bien souvent impulsive, non réfléchie. Dans ce contexte, la punition intervient de façon presque aussi impulsive, en réaction immédiate…

Une route traversée sans regarder, un bébé tombé des bras de la grande sœur, une prise de risque en scooter ou un long retard sans nouvelles (vécu comme une disparition) : les exemples ne manquent pas de situations où la peur instinctive est suivie par une sanction non réfléchie : une gifle partie comme un réflexe, une remontrance poussée dans un cri ou une interdiction de sortie « jusqu'à nouvel ordre ».

Le manque d'assurance favorise ou renforce la peur, notamment parce qu'il nous donne le sentiment de ne pas être à la hauteur dans notre rôle de parent ou de ne pas pouvoir faire face aux situations auxquelles nous serons confrontés. Il peut également être à l'origine d'une crainte très particulière qui semble de plus en plus prégnante chez les jeunes parents : celle d'être désavoué voire de ne plus être aimé par son propre enfant si l'on se montre trop sévère. Or cette crainte parasite les réponses éducatives, inhibant le recours aux sanctions quand il faudrait en donner ou générant des réactions paradoxales : comportements trop amicaux (« de copain à copain ») ou relations dans lesquelles domine le chantage affectif.

Gabriel est un garçon de 11 ans qui a toujours été plutôt vif. Cependant, sa mère précise qu'elle n'a jamais vraiment eu à le punir dans l'enfance, ses bêtises n'étant jamais très graves. Parfois même, il lui est arrivé de revenir sur les sanctions imposées par le père, les trouvant trop sévères. Au début de l'adolescence, les conflits se sont multipliés, les transgressions et les prises de risque aussi, laissant les parents démunis devant l'attitude à adopter, alternant entre attitudes d'évitement et réponses disciplinaires excessives. Le récit de l'histoire familiale nous apprend que Gabriel a été opéré dans la petite enfance d'une tumeur au rein et que ses premières années ont été marquées par cette menace de mort qui a relativisé tout ce qui pouvait arriver. Comment se montrer sévère lors de situations somme toute bien anodines au regard des épreuves traversées ? Mais cette absence de repères s'avère être peu structurante et très angoissante pour Gabriel qui multiplie les transgressions. D'autant qu'elle laisse planer le doute sur son état de santé : « Si mes parents sont si cool, c'est peut-être parce que je risque toujours de mourir… »

COMMENT LUTTER CONTRE LES EXCÈS DE LA PEUR ?

Le premier point consiste à repérer les éléments susceptibles de stimuler ce sentiment, que ce soit pour les éviter ou pour apprendre à y faire face. L'expérience montre cependant que l'évitement peut vite devenir sclérosant et que la meilleure façon de se débarrasser de la peur est de l'affronter.

De cette confrontation émergent bien souvent un sentiment de réassurance, voire la solution. Si chaque sortie au parc se solde par une punition (et une colère) parce que notre enfant a porté à sa bouche quelque chose de « sale », ou échappé à notre vigilance pour courir dans tous les sens, la décision peut être prise de ne plus y aller… L'enfer risque cependant de s'installer rapidement à la maison si votre rejeton ne sort plus. Or on peut accepter ces risques en les relativisant si l'on constate que l'espace du parc est convenablement sécurisé, que toute intervention est possible tant que l'enfant reste dans notre champ visuel, que son système immunitaire est suffisamment efficace pour le protéger des bactéries et que nos craintes sont peut-être davantage le fruit de notre imaginaire que de la réalité.

Lors de leurs balades, Martine était très inquiète que son petit Maxence ne lui lâche la main et que, marchant au bord de la route, il ne se fasse renverser. Avec le temps, les sorties étaient de plus en plus conflictuelles, car en grandissant, son fils supportait mal cette privation de liberté. Il fallait le gronder, répéter les mêmes mises en garde, et finalement punir ou menacer de ne plus sortir… En définitive il fut convenu que chacun prendrait en compte le besoin de l'autre : Martine ne tiendrait plus la main de Maxence que pour traverser au feu de signalisation ; son fils, quant à lui, marcherait toujours du côté opposé de la chaussée.

La colère, une émotion violente

Même si cette violence peut être sourde, refrénée ou non exprimée, elle est due à un profond mécontentement. Cette insatisfaction tire sa source du sentiment d'être blessé ou agressé à l'occasion d'une situation vécue comme dangereuse, injuste ou dévalorisante, et génère le plus souvent une tension agressive que le sujet a besoin d'évacuer.

Elle peut ainsi trouver plusieurs modes d'expression parfois silencieux : l'impatience, l'agacement (même si certaines manifestations peuvent les trahir : gestes, tensions musculaires, crispations du visage…), l'exaspération, l'emportement, et jusqu'à la fureur qui en est l'extériorisation la plus bruyante.

Une situation provoquée par l'enfant peut bien sûr entraîner ce genre de réaction excessive. Mais bien souvent, on constate que ce sont des facteurs plus ou moins conscients et indépendants de la bêtise elle-même qui ont exacerbé une réaction démesurée face à l'élément qui en est à l'origine.

Richard et Mathilde consultent pour leur fils, Max, qu'ils trouvent « très dur ». Il faut toujours tout lui répéter, il n'écoute jamais, s'oppose sur tout, et colères et caprices se multiplient plus souvent qu'à leur tour, déclenchés par des broutilles. Son père reconnaît qu'il est obligé de s'énerver, de crier, et même d'avoir recours aux fessées, car les bêtises sont incessantes.

Max a deux ans et demi et je suis surpris de voir que le petit monstre qui m'est décrit est plutôt calme. Son père n'a jamais caché qu'il avait été très déçu que son fils ne soit pas une fille… À la maternité, en prenant le bébé dans ses bras, il avait fait savoir qu'il le trouvait très laid… Aujourd'hui, bien sûr, le constat est différent. Max est un bel enfant, plutôt mince, mais qui se montre vif, tonique… Son papa reconnaît même (ce qui effectivement saute aux yeux) qu'il lui ressemble… Or cela renforce le sentiment paradoxal dans lequel le père se sent coincé : en effet, il ne sait pas toujours que choisir car il est partagé entre la crainte qu'en ne sévissant pas, l'enfant se montre de plus en plus tyrannique, et la peur que ses réactions violentes provoquent la violence chez son fils, et en fassent un adulte qui à son image aura du mal à se contrôler…

Les parents comprennent rapidement que certaines des « bêtises » qu'ils punissaient vertement ne sont que des maladresses ou des expérimentations nécessaires à l'enfant pour grandir, réclamant davantage un accompagnement qu'un châtiment. Pourtant, le père de Max a encore du mal à ne pas sortir de ses gonds. En parcourant son histoire à rebours, il évoque une enfance malheureuse entre un père alcoolique et violent et une mère effacée devant la brutalité de son mari. La colère peine à sourdre à travers le vernis de la résignation.

Décryptage

L'hypothèse qui se dégage est qu'à travers son fils, c'est lui-même que son père revoit, à la nuance près qu'il était, lui, un petit garçon sage et bon élève, canalisant son énergie et sa violence dans des activités sportives.

Plusieurs éléments peuvent favoriser la colère qui se développe en Richard, notamment les sentiments d'injustice et d'incompréhension nourris par l'impression de ne pas être reconnu pour ce qu'il a été et ce qu'il s'évertue à devenir : un bon fils, au regard de son père, et aujourd'hui un bon père pour son fils.

Il prend conscience que cette colère qu'il n'arrive pas à apaiser l'empêche d'évaluer objectivement les actions de son fils, dont les moindres manquements, anodins ou plus graves, deviennent les prétextes à l'extériorisation d'une rage trop longtemps retenue.

Or c'est souvent la confusion entre l'intensité de ce qu'on ressent et les conséquences réelles de la faute qui parasite l'évaluation de sa gravité objective. La justification de la punition vient dans un second temps, afin de légitimer l'expression d'une émotion trop vive. Le caractère éducatif de la sanction n'est évoqué que secondairement, quand elle est effectivement prise en compte.

L'envie, une émotion refoulée

L'envie semble inimaginable à l'égard de ses propres enfants. Elle est donc souvent refoulée, tapie au plus profond de l'inconscient.

Pourtant, on peut envier le bonheur que vit son propre enfant au regard de l'enfance que l'on a eue soi-même, de la même façon que nous pourrions l'envier qu'il nous ait nous comme mère ou comme père. Ce ressentiment se mêle sans doute à la colère de Richard, évoquée quelques lignes auparavant, comme dans le témoignage qui suit.

····› Hélène A. est la mère d'une petite Hermione âgée de 4 ans.

Elle se reconnaît dans sa fille, qui lui ressemble de plus en plus. À la différence près qu'elle la trouve très dissipée, irrespectueuse et surtout constamment dans l'opposition, quand elle-même était plutôt une enfant sage et obéissante.

– Il faut dire que je n'avais pas le choix avec la mère que j'ai eue, précise-t-elle, décrivant une mère aimante mais maniaco-dépressive, tour à tour absente et mélancolique ou impulsive et imprévisible, mais jamais disponible.

Hélène se décrit elle-même comme une mère plutôt affectueuse, attentive aux moindres désirs de son enfant, n'hésitant pas à prendre du temps pour jouer avec elle, lui achetant toujours ce dont elle a besoin et veillant à ne jamais la punir sans bien lui en expliquer les raisons. Or c'est devenu pour elle de plus en plus compliqué de ne pas s'emporter et de ne pas disputer sa fille à la moindre occasion.

– Comment peut-elle être aussi dure alors qu'elle ne manque de rien et que je fais tout ce qu'il faut pour être à son écoute ?

Hélène dessine ainsi le portrait de la mère idéale, qui fait tout pour son enfant, laquelle, en retour, ne le lui rend pas ; cette mère qu'elle rêvait d'avoir, enfant.

Décryptage

Hélène est effectivement tout le contraire de sa mère, mais son ressentiment la pousse à devenir aussi impulsive qu'elle. Derrière les expressions utilisées pour se décrire, on entend les qualités qu'elle aurait aimé trouver chez sa mère ; l'envie d'avoir une mère, telle qu'elle-même est devenue, parasite son jugement.

Hélène jalouse peut-être également sa mère d'avoir eu une fille comme elle, sage et obéissante, au point de ne plus interpréter que négativement tous les comportements de sa propre fille : si elle casse un objet, ce n'est pas dû à une maladresse bien compréhensible, mais à un simple caprice, parce qu'on ne lui a pas donné ce qu'elle voulait ; s'il faut lui répéter les choses, ce n'est pas parce qu'elle ne les a pas comprises, mais par opposition, comme lorsqu'elle répond ou refuse de faire ce qu'on lui dit.

Il s'ensuit donc des punitions plus ou moins sévères selon l'état de tension d'Hélène avec parfois des mots violents et dévalorisants qui jaillissent...

On peut aussi envier son fils adolescent. Il est beau, jeune, libre… Ce sont bien entendu des sentiments inconscients qui influencent notre recours aux sanctions en diminuant notre seuil de tolérance ou en altérant notre jugement.

À l'image de M. B. qui punit beaucoup plus sévèrement les retards de son fils depuis qu'il est adolescent. Certes, ils surviennent à des heures plus tardives que lorsqu'il était enfant, car il traîne plus tard après le collège, souvent pour discuter avec une certaine Émilie… mais n'est-ce pas aussi parce qu'il y perçoit une certaine liberté que s'arroge son fils, et le parfum grisant des premières amours.

Cette envie, qui correspond au désir de quelque chose que l'on n'a pas ou que l'on a perdu, peut parfois se confondre avec un autre sentiment qui lui est proche : la jalousie. C'est ce qu'on ressent quand on convoite ce qui appartient à l'autre.

La jalousie, une émotion inappropriée

Elle peut effectivement être ressentie vis-à-vis de son enfant même si cela peut sembler incongru de la part des parents. Il arrive alors, sans pour autant qu'on s'en rende compte, qu'elle parasite les relations.

L'arrivée d'un enfant modifie les rapports qui existent au sein du couple des parents. Parfois, de façon inconsciente, l'un d'eux peut éprouver certains ressentiments face à l'intérêt particulier que l'autre, mère ou père, va manifester à l'égard du nouveau-né. L'enfant, en quelque sorte, s'approprie ce que l'adulte possède, le mari ou l'épouse, l'amoureuse ou l'amant, qui cessent de l'être (au moins transitoirement) pour devenir papa ou maman…

Souvent, l'influence de ce type d'émotion dans la gestion de l'autorité se traduit par une plus grande sévérité vis-à-vis des bêtises de l'enfant que le parent va ressentir comme une atteinte personnelle ou une agression, indépendamment de son objective gravité. D'autant que l'autre parent, s'il se montre plus tolérant ou plus compréhensif, sera perçu comme faisant du « favoritisme » (en écho à ce qui aurait pu être vécu dans l'enfance vis-à-vis d'un frère ou d'une sœur) : « Tu lui donnes toujours raison » est alors une expression qui revient souvent, parasitant le fonctionnement du couple en tant que parents comme en tant que conjoints.

Colère, jalousie, envie sont parfois héritées de l'enfance, en relation avec les rapports qu'entretenaient frères, sœurs et parents. Ainsi, on pourra faire le constat que dans certaines familles, celui qui est puni se trouve être systématiquement l'aîné ce qui répond au fait que lorsqu'il était enfant, le parent se faisait toujours embêter par son grand frère. La sanction cesse d'être objective, même si elle est secondairement justifiée par des principes très relatifs tels que « c'est le (la) plus grand (e), il (elle) doit montrer l'exemple ». La situation inverse (où le cadet est plus fréquemment disputé) peut bien évidemment se retrouver pour des raisons similaires (un petit frère avec lequel on a grandi en étant persuadé qu'il était le préféré…) ; l'adulte rejoue involontairement les drames de l'enfance, comme pour inconsciemment restaurer un semblant de justice.

À l'inverse, certaines émotions conduisent parfois à relativiser à l'excès une faute ou un comportement inapproprié au point de ne pas les prendre en considération.

La tristesse agit sur nos réactions

Chez certains sujets, la dépression favorise l'irritabilité ou l'anxiété, qui, à l'image de ce que l'on a évoqué précédemment, vont potentialiser nos réponses aux bêtises. Parfois, ces sanctions vont jouer le rôle d'antidépresseur : les mécanismes de défense que l'inconscient génère pour lutter contre la tristesse, souvent constitués d'agressivité ou de colère, trouvent dans la sanction infligée à l'enfant un mode d'expression que légitime sa place de parent.

Dans d'autres circonstances, la déprime aura tendance à nous rendre plus tolérants, par lassitude, par manque de conviction ou d'assurance, ou par accablement.

De ce fait, certains parents n'interviennent pas quand il le faudrait, au risque de laisser se développer des comportements de plus en plus difficiles à canaliser. Les limites disparaissent et les incohérences éducatives se renforcent. Ces dernières sont souvent le fait de réactions paradoxales qui ne sont pas rares : comme ce père qui ne dit rien alors que ses enfants accumulent les bêtises et qui, subitement, va réagir de manière disproportionnée pour une broutille.

De la nécessité de fixer des règles

Bien souvent, ce ne sont pas les émotions à proprement parler qui sont responsables des punitions. Mais elles influencent nos principes éducatifs. Ces réactions émotionnelles sont bien évidemment naturelles et humaines. Mais pour certaines, les plus violentes ou les plus dévastatrices (colère, jalousie…), il convient de ne pas les laisser nous déborder.

Il s'agit moins de chercher à les refréner que d'en prendre conscience. Sans tout auto-analyser, réaliser que l'intensité d'une réaction est en lien avec une émotion disproportionnée permet de mieux adapter sa réponse éducative et d'éviter les sanctions arbitraires.

Or, dans le feu de l'emportement émotionnel, il n'est pas toujours aisé d'avoir le recul nécessaire. Il est donc important, au préalable, de se fixer des règles intangibles qui permettront de ne pas se laisser submerger par ses émotions.

Trois grands principes

1 Ne jamais taper, quoi qu'il arrive.

2 Ne jamais dire de grossièreté ou d'insultes.

3 Hausser le ton, mais ne jamais crier.

Ces préceptes permettraient d'éviter bien des dérapages dans les périodes où la colère devient débordante. S'attacher à respecter ces règles garantit, quels que soient nos affects et le contrôle ou la conscience que l'on en a, de proposer un système éducatif cohérent dans lequel l'enfant se retrouve.

Bien évidemment, il y a de grandes probabilités que certaines circonstances nous détournent de ces bonnes résolutions ! Une colère qui ne cède pas, un enfant qui nous pousse à bout, la peur de ne pas y arriver, la fatigue, l'emportement… sont autant de facteurs qui peuvent entraÎner la volée d'injures ou la gifle. Pour autant, les mots ou le geste qui nous ont échappés reste du domaine de l'accident et ne s'érigent pas alors en principe éducatif.

D'autres situations peuvent bénéficier de ces règles, lorsque les réactions ne sont pas liées nécessairement à une émotion, mais à l'impact sensoriel d'une attitude de l'enfant.

La situation relativement banale du grand frère qui ennuie sa petite sœur (ou vice versa…) tandis que ses parents regardent la télé est assez parlante. Il est fréquent qu'un parent ne réagisse qu'en fonction du chahut provoqué et du dérangement occasionné. Dans ce cas, la réaction est bien souvent aléatoire. Tantôt ce sera le plus bruyant qui s'attirera les foudres du père contrarié, tantôt le plus grand, au prétexte qu'il est censé être le plus raisonnable ou celui qui doit montrer l'exemple ; parfois, ce sont les deux qui seront consignés dans leur chambre sans autre forme de procès…

Combien d'enfants se sont pris une gifle en marchant malencontreusement sur le pied d'un de leurs parents, alors qu'on ne leur dira rien s'ils pincent volontairement leur sœur à leur insu. On punit donc l'action, malencontreuse ou non, dont les conséquences sont plus ou moins importantes, plutôt que la mauvaise intention ou la transgression d'une règle importante. C'est la motricité et ses débordements qui sont en jeu, c'est elle qui est sanctionnée. Et c'est cela qui risque d'être intégré inconsciemment en terme d'interdit, favorisant le développement de certaines inhibitions.

Ne gérer les choses que sous l'angle émotionnel retentit nécessairement sur le plan éducatif. Cela ne permet pas d'évaluer objectivement ce que l'on sanctionne et d'agir avec pondération en fonction de critères objectifs : si la sanction est corrélée à la gêne occasionnée, l'écueil réside dans le fait de sanctionner durement une situation qui nous perturbe intensément (des cris ou une agitation excessive), alors qu'on se montrera plus magnanime sur des situations plus graves mais au retentissement moins bruyant (le frère qui frappe sa sœur « en silence »). L'enfant retiendra qu'il n'est pas si grave d'avoir tel ou tel comportement tant que cela ne porte pas atteinte à la tranquillité de ses parents, ou passe inaperçu, indépendamment du retentissement effectif sur le reste de l'environnement.

La raison et le temps avant l'impulsivité et le châtiment

Dans le cas des punitions, on réagit parfois trop avec le cœur et pas assez avec la tête.

La règle alors à retenir est qu'il n'y a jamais d'urgence pressante dans le fait de punir.

On peut ainsi dire à son enfant dans le feu de la colère :

– « Je n'accepte pas ce que tu viens de faire, donc tu seras puni. Là, je suis très en colère, mais je vais prendre le temps de réfléchir et je te dirai ta sanction quand je serai calmé(e). »

Il ne s'agit pas d'attendre trop longtemps avant de livrer son verdict (les inquiétudes liées à l'attente de la sanction peuvent favoriser une angoisse qu'il n'est pas nécessaire d'ajouter à la peine de l'enfant), mais de prendre le temps de la réflexion pour trouver une sanction appropriée à la gravité de la situation que l'on veut changer.

Prendre le temps d'analyser ses émotions est la première chose à faire pour agir sur elles ; il ne s'agit pas de les refréner, mais d'en prendre conscience pour que la punition ne soit pas utilisée comme un moyen de s'en décharger.

D'autant que la culpabilité, revient fréquemment dans un second temps et nous conduit à lever la punition de manière trop précoce, dans un mouvement qui accentue encore le caractère inadapté de cette démarche éducative.

3

QUI PUNIT ?

Si l'on se demande « qui punit ? », avec une fausse naïveté, la réponse s'impose d'emblée : les parents ! Pourtant, à l'instar de ce que nous pouvons constater dans certaines communautés, d'autres adultes que les parents peuvent s'arroger le droit de punir les enfants. L'éducation des plus jeunes est alors une affaire collective.

En France, autrefois, les adultes pouvaient d'ailleurs punir sinon disputer les enfants de la voisine quand ceux-ci se conduisaient mal. Dans les années 60 et même 70, les enseignants faisaient toujours usage de châtiments corporels. Les enfants avaient parfois droit à une « double peine », comme nous le disons aujourd'hui, car ils étaient fréquemment punis par leurs parents dès leur retour à la maison…

Aujourd'hui, la tendance s'inverse. Les parents sont plus prompts à s'offusquer et à entrer en conflit, parfois violemment, avec des adultes qui ont osé sermonner leur progéniture. Les enseignants ne sont pas à l'abri de la colère des parents s'ils réprimandent ou punissent leurs enfants. Les situations où des professeurs se font agresser par des parents choqués que leur enfant ait été sanctionné en classe sont de plus en plus fréquentes.

Au-delà des coutumes et des traditions qui accordent à un adulte sans aucun lien avec l'enfant le droit d'exercer cette fonction punitive, il existe toujours une relation de responsabilité qui autorise le jugement et la sanction de l'attitude de l'enfant. Le plus souvent, il s'agit de liens de parenté, mais il peut aussi être question de responsabilité en fonction du rôle que l'adulte joue auprès de l'enfant : enseignant, surveillant, éducateur...La question se pose alors de savoir ce que ce dernier représente par rapport à l'enfant, d'un point de vue légal mais aussi affectif. L'élément central est le lien d'autorité qui existe vis-à-vis de l'enfant, mais également l'investissement affectif.

PLACE ET RÔLE DE CELUI QUI PUNIT

La place de l'enfant dans la société a évolué de telle façon qu'il est désormais considéré comme un sujet à part entière ; il ne va donc plus de soi qu'il soit soumis au pouvoir d'un autre individu. Or punir confère un pouvoir à celui qui punit sur celui qui est puni. Le lien de parenté vient légitimer cette autorité et ce pouvoir de punir. Cette légitimité repose en partie sur le fait que l'enfant doit la vie à ses parents, pouvoir quasi divin, et que ces derniers subviennent à ses besoins et donc à l'entretien comme à la protection de son existence, pouvoir quasi régalien.

De l'autorité parentale à la responsabilité de parents

Le fait de donner la vie, s'il peut accorder le droit de punir, confère surtout des obligations éducatives et une responsabilité vis-à-vis de l'enfant. En théorie, le pouvoir de sanctionner n'est pas un but en soi, mais uniquement un instrument éducatif.

Il est pourtant évident que ce n'est pas toujours le cas et que, dans certaines situations, la punition est davantage utilisée comme l'expression de la toute-puissance de l'adulte vis-à-vis d'un enfant considéré comme l'objet de ce pouvoir. Le plus souvent, on invoque le devoir d'obéissance de l'enfant, et la punition est alors présentée comme l'outil permettant d'obtenir cette obéissance et d'asseoir son autorité. Or, s'il existe bel et bien des liens entre autorité, obéissance et respect, ils ne sont pas innés et le maître d'œuvre de l'ensemble est l'éducation.

De plus, l'autorité au quotidien n'est pas l'apanage des seuls parents. Il en existe d'autres formes, comme celle exercée par les ascendants, que sont notamment les grands-parents. Avant d'aborder ces situations particulières (grands-parents, beaux-parents, tuteurs…) où l'autorité et le droit de punir sont délégués, il faut tenter de comprendre comment se développe l'autorité parentale, comment l'enfant en prend conscience et accepte de s'y soumettre, et comment se développent le respect et l'obéissance. Car c'est souvent en fonction du respect ou non de ces valeurs que se pose la question de la nécessité de recourir ou non aux punitions.

De nos jours, lorsqu'elle est revendiquée, l'autorité a vite fait de paraître suspecte et de passer pour de l'autoritarisme. Aujourd'hui, élever un enfant ne consiste plus seulement à lui inculquer les valeurs, les codes moraux et les lois de la société dans laquelle il vit, mais également à lui permettre de déployer ses qualités propres et de révéler son potentiel, d'optimiser ses chances de réussir dans la vie afin d'exister comme un individu singulier.

Quels sont les « outils » éducatifs dont les parents disposent et lesquels doivent-ils privilégier selon leur conception de l'éducation des enfants ?

Éduquer ou élever un enfant ?

Élever un enfant se définit assez simplement dans le dictionnaire : il s'agit de l'amener à son plein développement physique et moral.

La définition de l'éducation, quant à elle, si elle prend en compte la notion de développement, fait surtout référence à l'apprentissage et à la pratique des usages de la société.

Que l'on veuille privilégier éducation ou accompagnement, cela conduit mère et père à se placer dans un système de relations et d'échanges où le parent comprend l'enfant à la mesure de ce qui lui est possible de réaliser.

Des comportements adaptés

Il est beaucoup question des comportements « inadaptés » de l'enfant, que l'on qualifie ou non de bêtises. Mais on peut aussi s'interroger sur la qualité des réponses parentales aux manifestations ou aux questions de l'enfant : conviennent-elles bien toujours à l'âge de l'enfant, à la situation ?

→ À l'heure de l'apéritif, un papa discute avec ses amis, son enfant de 18 mois sur les genoux. L'enfant s'agite, se laisse glisser. Son père le rattrape, le remet sur ses genoux. L'agitation augmente, se double de geignements, puis de cris…

Décryptage

Que veut donc cet enfant ? Probablement a-t-il juste envie de faire quelques pas sous les yeux de son père, au milieu de tous ces adultes. Que peut répondre ce papa ? Plusieurs réponses peuvent être envisagées, selon la personnalité du père et ce qu'il est en mesure de comprendre de l'attitude de son enfant :

1 **Pierre repositionne solidement son fils** sur ses genoux et le serre plus fermement dans ses bras. Les cris redoublent forcément : la crise éclate ! Elle se soldera par une bonne fessée, et des pleurs.

2 **Paul s'interroge.** Ne comprenant pas l'agitation de son bébé alors que l'ambiance est à la bonne humeur, **il lui donne le biberon préparé à l'avance.** Après tout, il a peut-être lui aussi envie d'un apéro.

3 **Jacques ne se pose peut-être pas de question… Émile a envie de descendre. Qu'il aille se dégourdir les jambes,** il n'y a pas de danger avec tous les adultes qui l'entourent.

Ces trois pères ont réagi chacun à leur manière, en fonction de leur instinct ou de ce qu'ils imaginaient (ou non) des intentions de leur garçon. On peut décrire ainsi différents types de réponse aux manifestations de l'enfant, que l'on pourrait interpréter comme une demande : les réponses cohérentes, c'est-à-dire en lien avec cette demande, qu'elles y soient ou non favorables, et celles que l'on jugera « non reliées » ou sans lien direct avec le comportement de l'enfant.

Ainsi, la réponse de Pierre est cohérente mais opposée à ce que manifeste son fils, quand celle de Jacques est cohérente et favorable à l'envie de l'enfant. On notera cependant que toute réponse cohérente et favorable n'est pas toujours adaptée, notamment si l'envie de l'enfant est contraire à son bon développement, voire nuisible (il ne serait pas prudent, par exemple, de laisser Émile gambader librement sans surveillance ou dans un endroit où il s'exposerait à des dangers...).

La réponse de Paul, elle, peut être considérée comme non reliée : en proposant à manger à Émile, il obtient certes de son fils qu'il se calme, mais sans qu'il y ait de lien direct avec le désir initial d'Émile qui était de descendre des genoux de son père. Ce type de réponse, s'il se généralise, peut favoriser sur le long terme le recours à l'autosatisfaction immédiate devant toute frustration ou tout désir qui ne trouverait pas de résolution rapide.

On peut aussi s'interroger sur les motivations inconscientes qui, plus tard, pousseront l'adolescent à se jeter sur une pâtisserie quand il se sentira mal, ou inciteront la jeune femme à s'acheter compulsivement une paire de chaussures pour oublier une situation contrariante.

Les punitions constituent une réponse à un comportement que l'on juge inadapté. Mais à quel type de réponse correspondent-elles ? Sont-elles toujours cohérentes, favorables ou opposées, non reliées ? Et surtout, à quel moment cette réaction punitive doit-elle intervenir ? N'y a-t-il pas d'autres interventions possibles avant d'y recourir ? Cependant, dans le cadre de l'éducation de leur(s) enfant(s), les parents sont également confrontés à la question de l'obéissance. Celle-ci n'a pas systématiquement de liens directs avec les bêtises.

Plusieurs notions proches ou non, plus ou moins confondues, sont également à préciser ou à distinguer : ainsi, la crainte de la sanction ou de l'adulte même n'est pas forcément synonyme de respect, de même que l'obéissance ne peut pas être uniquement le fruit de la peur.

Obéir ne va pas de soi

L'obéissance occupe une place importante dans l'éducation. Un enfant obéissant sera qualifié de « bien élevé » (et vice versa le fils bien éduqué se montrera à l'évidence discipliné) et enorgueillira ses parents. À l'inverse, on aura vite fait de traiter de mal élevé l'enfant désobéissant et de remettre en question l'éducation que lui auront prodiguée ses parents.

De fait, une cause fréquente de punition est la désobéissance. Elle peut correspondre à la transgression de limites définies au préalable ou à la non-réalisation d'une consigne. Par ailleurs, ne pas faire usage de punitions ou en tout cas y recourir le moins possible peut apparaître comme un des aspects d'une éducation réussie.

L'obéissance n'est pas une qualité innée avec laquelle l'enfant vient au monde. Au contraire, son inclination naturelle le pousse plutôt à attendre des autres, de ses parents en particulier, mais plus tard aussi de ses amis ou de ses proches, qu'ils accèdent à ses moindres désirs.

Cette tendance trouve en partie son origine dans la faible autonomie dont l'enfant est pourvu dans sa première année. Le bébé (même s'il ne le « mentalise » pas de cette façon caricaturale) trouve normal que le parent puisse satisfaire à tous ses besoins ; jusqu'à un certain stade, il en va même de sa survie. La dépendance dont fait preuve le bébé exige de ses parents une nécessaire empathie et une certaine disponibilité.

On pourrait évoquer la notion de toute-puissance conjointe ou réciproque, puisque le parent, en théorie, peut prodiguer ou non tous les soins qu'il veut selon son bon vouloir, et l'enfant réclamer tout ce qu'il ne peut obtenir par lui-même. Progressivement, l'enfant acquiert en grandissant une plus grande autonomie qui lui permet de réaliser seul un certain nombre de choses, ôtant à l'adulte la responsabilité de le faire à sa place. Pour autant, l'enfant reste tributaire de ses parents pour un certain nombre de besoins. Mais dans le même temps, cette autonomisation s'accompagne de plus grandes exigences de la part des parents et de la société en général.

L'enfant doit se conformer à de nouvelles règles, celles de la politesse par exemple, et à de nouvelles exigences, comme d'aller à l'école et de faire ses devoirs. Or, le renoncement à son propre désir pour se soumettre à celui de l'autre ne s'effectue pas par « esprit d'obéissance ».

Donner de l'amour à l'enfant, combler ses besoins

L'« esprit d'obéissance » est rendu acceptable par deux motivations essentielles : l'astreinte familiale et sociale d'une part, les sentiments d'autre part. En effet, l'enfant reste dépendant de la première pour les besoins les plus élémentaires de son existence (manger, boire, dormir, apprendre et même jouer puisqu'il faut pour cela un endroit et des conditions sereines pour le faire). Mais il n'est pas uniquement question d'intérêt ; les sentiments occupent aussi une large place. Tissés d'amour, d'attachement, d'admiration, ce sont ceux qu'il éprouve pour ses parents, ses proches, ses amis, et ceux qu'il perçoit en retour et qu'il veut conserver ou conquérir. Se faire obéir ne sera donc pas une question de bonnes punitions, mais plutôt le résultat d'un bon équilibre entre la satisfaction des besoins de l'enfant et l'affection qu'on lui prodigue.

Aussi, avant d'exiger d'un enfant qu'il soit obéissant, il faut s'assurer que tous ses besoins fondamentaux ont été satisfaits. Un enfant qui n'a pas son quota de sommeil se montrera grincheux à l'heure de la sieste ou agité le soir venu. Il ne servira à rien de le punir, surtout si cela retarde l'heure du coucher ou parasite la sieste : cela ne ferait que renforcer la crise. De même, un jeune garçon se montrera d'autant plus turbulent qu'il ne pratique pas d'activités physiques ou sportives régulières.

Ces besoins fondamentaux ne concernent pas uniquement les nécessités physiologiques (boire et manger, dormir, ou se vêtir…), il s'agit aussi de ce qui est nécessaire à l'enfant sur le plan affectif et émotionnel. Les câlins et le réconfort, les distractions (dont les jeux) et les stimulations de toutes sortes qui s'y associent, l'écoute et toutes les formes d'attentions qui répondront à l'expression de ses émotions, sont tout aussi indispensables.

Une fois ces besoins assurés, on pourra mettre en rapport la notion d'obéissance et celle de l'acceptation des règles. Mais il sera tout aussi important de savoir ce qu'il est raisonnable d'exiger de l'enfant en termes d'intégration des limites, de compréhension des risques ou des règles de vie, en fonction des spécificités de son âge et de son développement affectif. On ne peut attendre d'un enfant de trois ans ce qu'il est raisonnable d'exiger d'un adolescent.

Définir et accepter les règles…

▶ POUR QUE LES RÈGLES SOIENT RESPECTÉES, IL FAUT D'ABORD LES DÉTERMINER.

Il ne s'agit pas, bien sûr, d'établir noir sur blanc la liste de tout ce qui sera autorisé et interdit (elle ne pourra jamais être exhaustive), mais plutôt d'avoir en tête les grands principes de ce qui nous paraît indispensable pour que le fonctionnement de la famille soit harmonieux, pour que les valeurs culturelles, sociales ou éthiques qui lui sont propres soient respectées.

Pour se développer harmonieusement et sans angoisse, l'enfant a besoin de s'appuyer sur des règles sécurisantes. Si la vie est un voyage, celui qui l'a entrepris ne peut se passer de repères pour avancer.

À bord de son véhicule, le conducteur qui découvre son chemin a besoin de signaux pour savoir quand tourner à gauche ou à droite, à quel moment il doit s'arrêter ou dans quelle direction aller. Il s'appuie pour cela sur les panneaux de signalisation, les feux rouges ou les indications qu'on lui a fournies (tourner après la maison bleue, traverser le village ou prendre la troisième route après le carrefour…) Si ces repères étaient flous ou changeants (les panneaux sont illisibles, la maison a été détruite, une déviation est venue remplacer le carrefour), il aurait vite tendance à se sentir perdu, à s'inquiéter…

En l'absence de ceux-ci, comment continuer d'avancer et ne pas paniquer ? Les règles sont pour les enfants des repères qui vont les sécuriser et leur permettre de bien grandir. Encore faut-il qu'elles soient cohérentes et stables.

… qui doivent être cohérentes et stables

Des principes sont cohérents lorsqu'ils s'associent les uns aux autres de façon complémentaire pour permettre un fonctionnement compréhensible et logique auquel l'enfant peut se référer ; ils se distinguent également par leur stabilité, c'est-à-dire par le fait qu'ils ne vont pas changer sans raison, ou en fonction du seul désir des parents.

Ces règles de vie, en fonction du contexte, acquièrent ainsi un caractère prévisible qui permet à l'enfant d'anticiper dans une certaine mesure les conséquences de se paroles ou de ses actes. C'est l'existence au quotidien qui permet l'élaboration des règles ; le cadre de vie dans lequel évolue l'enfant est l'expression concrète de ces règles et de ces limites. Plusieurs critères en dessinent les contours, en fixant des repères temporels, des limites spatiales ou des références éducatives.

Le cadre temporel va s'établir en fonction de la régularité des heures des repas, du lever et du coucher, des horaires de retour de l'école… avec les variations possibles liées aux week-ends, aux vacances, aux sorties avec les copains. Cela contribue d'ailleurs à l'assouplissement des cadres horaires – sans forcément les remettre en question si la régularité prime sur l'exception. Si la règle est flexible, elle peut s'adapter aux conditions particulières tant qu'elle reste cohérente avec le bien de l'enfant et de sa famille et ne répond pas au seul critère des humeurs ou du désir tout-puissant du parent, car de telles variations peuvent favoriser chez l'enfant un sentiment d'insécurité.

L'environnement géographique est représenté par les différents lieux dans lesquels évoluent l'enfant et sa famille, en fonction de ce qui peut légitimement s'y passer. À la maison, où se distinguent les lieux de vie commune (salle à manger ou cuisine), de vie privée (espace ou chambre des parents, des enfants) et de vie intime (salle de bains, toilettes), mais également dans les autres endroits où l'on est amené à se rendre plus ou moins fréquemment (chez les grands-parents ou les amis), et où les règles de fonctionnement peuvent différer.

Enfin, le cadre culturel et éthique s'élabore de manière implicite, en fonction de ce qu'il est permis ou interdit de dire ou de faire, selon les codes et les coutumes familiales, ou les rites religieux.

Il s'agit donc de règles claires, c'est-à-dire facilement compréhensibles par l'enfant en fonction de son âge ; concrètes, c'est-à-dire liées aux activités et aux instants de la vie quotidienne ; constantes et conséquentes, c'est-à-dire permettant de comprendre que son acte a des conséquences sur soi, sur les autres ou sur l'environnement.

Ainsi, au gré des expériences, on pourra préciser ce qui se dit ou non, ce qui se fait ou pas, en fonction de critères comme « c'est bon pour grandir », « cela rend triste ou joyeux », « ça peut te faire mal » – autant de remarques faisant référence à des valeurs humaines (respect de soi et des autres, bonne santé, plein épanouissement…).

C'est sur ces bases que repose l'autorité des parents. Or, plus elles seront stables et établies précocement dans la vie de l'enfant, plus ce dernier aura de facilité à s'y conformer.

DE L'AUTORITÉ SANS AUTORITARISME NI LAXISME

La notion d'autorité recouvre plusieurs aspects. Elle s'établit en première instance de façon implicite. Elle est cette influence naturelle qui s'exerce instinctivement sur l'enfant du fait de la situation particulière qu'occupent ses parents et des liens qui les unissent à lui. Leur place de protecteurs, leur statut de géniteurs, et le fait qu'ils pourvoiront à ses besoins, dont il prend progressivement conscience, et dont il se sent inconsciemment redevable, leur confèrent le droit et le pouvoir de se faire obéir dans le cadre de leur mission parentale.

Cette ascendance nécessite cependant d'être confirmée et entretenue pour pouvoir s'établir de façon intrinsèque et sans heurts.

La manière dont les parents vont l'exercer et la faire respecter au quotidien correspond à l'autre dimension de l'autorité, c'est-à-dire à son expression.

Cette expression de l'autorité passe par les mots et les gestes auxquels les parents ont recours afin que l'enfant se conforme aux règles ou à ce qu'on attend de lui.

Le NON… et le oui

Le premier mot que l'enfant va intégrer comme formulation de l'interdit est le NON, qu'il reprendra à son compte aux alentours de ses 18 mois.

Pour être compris et intégré comme tel, il sera spontanément associé à un stimulus désagréable, comme un ton sévère et catégorique, un froncement de sourcil ou un regard désapprobateur. Si ces mécanismes sont mis en place précocement, ils seront d'autant plus efficaces. Ainsi, pour un tout-petit, un froncement de sourcil ou un doigt levé suffiront à mettre un terme à un début de colère ou à la tentative de toucher à ce qui est interdit. Toutefois, le doigt levé qui indique une limite ne doit pas être confondu avec la main levée, annonciatrice d'une tape qui pourrait partir…

Pour un plus grand, il est possible que cela s'avère bien moins efficace, surtout si cela n'a pas été mis en place auparavant. L'expression de l'interdit passe alors par des formules plus élaborées : « tu ne peux pas », « c'est interdit », « c'est dangereux ». Se pose alors la question du stimulus désagréable à leur associer. Car une tape, même « symbolique », ne doit pas devenir la seule réponse, au prétexte que l'on s'achemine vers un système où l'autorité ne repose que sur la seule soumission, associée ou non à la douleur. D'autant qu'une « petite tape » peut se transformer en fessée, puis en châtiment corporel plus conséquent au fur et à mesure que l'enfant grandit et que ses bêtises prennent de l'ampleur.

En définitive, quand le regard noir n'a plus d'effet dissuasif, il importe de mettre à distance ce qui pourrait entraîner la bêtise ou ce qui en est à l'origine. L'arrêt du comportement délétère peut même être suivi par l'encouragement d'un comportement positif.

Ainsi, après avoir formulé l'interdit au nourrisson qui cherche à s'emparer d'un objet fragile, il sera judicieux de lui tendre son jouet en lui disant que celui-là, il a complètement le droit d'y toucher.

Les limites que l'on fixe ne concernent pas seulement ce qui est défendu, mais aussi le domaine de ce que l'on autorise.

D'autant que l'inconfort généré par la frustration favorise l'expression de la colère, ou des transgressions ultérieures. Alors qu'en favorisant le remplacement d'une conduite inappropriée par une qui sera valorisée, les parents encouragent des choix positifs ultérieurs.

····➤ Faire de la patinette avec Aymeric, 5 ans, était devenu un calvaire depuis l'emménagement dans notre nouvel appartement, raconte Thomas, gendarme et père de trois garçons. Il y a devant la résidence un grand espace qui laisse tout loisir de rouler sans risque d'être importuné par les voitures. Seulement, voilà, Aymeric prenait un malin plaisir à s'aventurer sur l'aire où sont entreposées des machines professionnelles, alors que je lui ai clairement signifié que c'était dangereux, donc interdit. Après plusieurs après-midi à lui courir après et à le sermonner, j'étais prêt à renoncer à nos sorties, bien que je sache combien il a besoin de se dépenser (il est un peu « hyperactif »).

Finalement, j'ai eu une idée : nous avons délimité, en la traçant ensemble à la craie, toute la zone où il lui était permis de patiner – et ça lui a pris un certain temps ! Maintenant, il s'amuse à en longer les bords et je fais mine de le poursuivre lorsqu'il les dépasse... Je ne l'ai jamais vu rire d'aussi bon cœur que lorsque je pousse des scrogneugneu ! et des sacripants !

Décryptage

Indiquer les limites de ce qui est autorisé suffit bien souvent à souligner ce qui ne l'est pas et à remettre en question ou condamner ce qui est inadapté ou inacceptable pour le parent. La leçon sera d'autant mieux écoutée et retenue si elle est énoncée de façon pertinente. ⇠

L'art de la remontrance

Gronder ses enfants semble parfois aller de soi pour les parents qui s'emportent devant les bêtises de leur progéniture. Sans doute est-ce lié au fait que les mots de la dispute viennent d'eux-mêmes, portés par la colère, et semblent légitimes face à la gravité des faits qu'ils sanctionnent. Pourtant, quelques règles fondamentales doivent être rappelées.

Il est prudent de bien choisir ses mots.

Les critiques doivent nécessairement porter sur la bêtise, pas sur l'enfant : c'est la note qui est mauvaise, c'est le geste qui est méchant, ou la parole grossière… C'est l'action qui est critiquable. Cette nuance est importante, car elle indique que l'individu aurait pu agir différemment. Autrement, on court le risque d'enfermer l'enfant dans une identité de voleur ou de menteur, si, pour le convaincre de sa faute, on se contente de le traiter de « petit menteur » ou de « méchant garçon ». Il sera plus adapté de dire « c'est pas bien de mentir » ou « le vol est un délit qui peut mener en prison », afin de le responsabiliser.

Attention au ton et à l'attitude

Le ton et l'attitude que l'on adopte pour expliquer les raisons de son mécontentement et la gravité de la bêtise jouent également un rôle. Inutile de s'emporter et de crier : fermeté et assurance parlent plus que colère et agitation. Car si ces derniers peuvent intimider l'enfant, ils peuvent aussi se montrer peu efficaces en matière d'amélioration des comportements. L'enfant aura tendance à s'imaginer que s'il est puni, c'est surtout parce que sa mère est très fâchée, plutôt qu'en raison de telle ou telle chose qu'il n'aurait pas dû faire. Il cherchera donc à éviter de contrarier sa mère (en faisant des choses dans son dos) plutôt que de faire des choix mieux adaptés.

▶ UNE SCÈNE À LA FOIS

Il est indispensable de ne sanctionner qu'une chose à la fois. Comment l'enfant peut-il comprendre ce qu'il a fait de mal si on lui reproche plusieurs choses à la fois, alors qu'il ne les aura pas forcement réalisées en même temps, ni pour les mêmes raisons ? De même, on évitera les « flashbacks », c'est-à-dire qu'on ne reviendra pas sur un problème ancien – ce qui rappelle la nécessité de régler chaque problème dès qu'il se présente.

Si ces considérations ne sont pas sans rappeler le champ lexical de la comédie, c'est qu'à bien des égards le rôle des parents peut s'apparenter à un rôle de composition. Être parent correspond juste au fait d'avoir des enfants, mais s'occuper (bien) d'eux, c'est (bien) jouer le rôle de parent.

Jeu de rôle et rôle des parents

Dans la vie, tout parent occupe plusieurs fonctions. Il est tour à tour, et tout à la fois, un homme ou une femme, un mari ou une épouse, une employée ou un ouvrier, un cadre ou une dirigeante... et un père ou une mère à la maison. Les difficultés et les conflits internes naissent bien souvent lorsqu'il faut faire cohabiter ces différents aspects de soi-même au quotidien. Ainsi, au retour d'une longue journée de travail, il n'est pas toujours facile de remplir son rôle de parent quand on n'aspire qu'à un peu de repos.

> ····➤ Monsieur B. me décrit les soucis qu'il rencontre actuellement avec son fils. José est un élève passable. Ses notes sont toujours légèrement au-dessus de la moyenne. Ses parents restent cependant très soucieux de sa réussite scolaire. L'année précédente, il est passé de justesse, et depuis son entrée au collège, ils se méfient : « Si on ne le surveille pas, il ne fera rien et ses notes auront vite fait de chuter au-dessous de la moyenne », explique ainsi le père qui a décidé de surveiller ses devoirs tous les soirs. Mais depuis quelques jours, c'est la même comédie : dès son retour du travail,

le père s'installe près du bureau de son fils, et, au bout de quelques minutes, les conflits éclatent... Le père de José perd patience car son fils lui manque de respect, et une fois sur deux, cela se solde par une punition.

Décryptage

L'analyse de la situation montre qu'indépendamment de la mauvaise volonté de José, qu'il veut bien reconnaître même si son père « ne sait pas s'adapter à ses méthodes de travail », le père reconnaît qu'il rentre épuisé du bureau et qu'il accepte mal que son fils ne fasse aucun effort selon lui alors que lui-même en fait. « Si ça ne tenait qu'à moi, je me calerais dans mon fauteuil pour regarder la télé ! Mais je suis un père qui assume, et il m'importe que mon fils réussisse dans la vie. ». Il reconnaît également qu'il est lui-même souvent assez tendu et que le ton monte vite. Cependant, il n'a pas pris conscience qu'il reproduit avec son fils les relations qu'il entretient avec un supérieur hiérarchique, auprès duquel il vient d'entamer une formation...

En finissant par comprendre qu'il se comportait avec son fils plus comme un professeur intraitable que comme un père, M. B. a progressivement modulé ses réactions. Il lui a finalement proposé l'assistance d'un étudiant en sciences... Depuis, il rentre serein à la maison, prend le temps de se ressourcer – de se plonger dans la lecture de son journal –, puis de consacrer un peu de temps à son fils : il s'enquiert de sa journée passée, s'intéresse à ses leçons et porte un regard attentionné sur ses devoirs.

Bien souvent, nos réactions comme nos émotions sont corrélées à la « partie » de nous-mêmes qui est « active ». Quand on se fâche contre un enfant, est-ce bien le parent qui s'exprime, ou l'adulte contrarié par une mauvaise nouvelle, une journée épuisante ou un problème du quotidien non résolu ? Lorsque seule la dimension parentale est en jeu, le regard peut se faire plus empathique et percevoir davantage ce qui convient le mieux pour l'enfant.

Une façon de trouver des réponses à certaines questions éducatives consiste à se demander ce que ferait le Père ou la Mère idéale dans telle ou telle situation. Puis à se mettre dans la peau de ce personnage, construit à partir de tous les bons parents que l'on a pu croiser dans sa vie, rencontrés au fil de lectures ou de films, avec l'appui des conseils que l'on aura glanés dans les bons manuels de psychologie infantile…

À ce titre, il est parfois nécessaire de « surjouer » le rôle de parent lorsqu'on sent qu'il est important, pour marquer les limites par exemple, de sanctionner une bêtise qu'on aurait volontiers ignorée.

▶ DIRE CE QUE L'ON FAIT ET FAIRE CE QUE L'ON A DIT

Dans ce rôle, il importe également de dire ce que l'on fait et de faire ce que l'on a dit. Inutile de menacer d'une sanction qu'on n'aura pas le cœur de mettre à exécution. Il ne sera pas plus adapté de punir sur un coup de tête – sans avoir prévenu l'enfant qu'il était en train de franchir la ligne blanche, en lui laissant la possibilité de faire marche arrière.

▶ TROUVER LE BON COMPROMIS PARENTAL

Dans cet ordre d'idées, il peut arriver que les parents aient des avis différents sur les sanctions à appliquer et le moment où il faut le faire. Or jouer le rôle de parents, c'est aussi le jouer ensemble. On peut ne pas être d'accord sur tout. Chaque parent a son histoire et a grandi avec des parents plus ou moins sévères devant qui il faisait plus ou moins de bêtises. De ce fait, son rapport aux punitions lui est propre, de même que sa tolérance face aux bêtises de son enfant.

Il ne s'agit donc pas forcément d'être en harmonie sur tout, mais de respecter les choix de l'autre, et de ne pas le laisser seul devant la décision de sévir ou pas, assortie du choix de la punition. En somme, de définir ensemble les règles d'un jeu qui repose sur les compromis éducatifs que chacun est prêt à accepter et que l'on s'engage à respecter. Car il est plus amusant de jouer ensemble à un jeu où les règles ne changent pas tout le temps.

« Je ne supporte plus de devoir lui répéter dix fois la même chose pour me faire obéir ! »

Cette plainte récurrente correspond sans doute à ce que l'adulte perçoit comme le premier niveau de défaut d'obéissance. Le fait de ne pas être obéi fait souvent craindre un manque d'autorité.

Entre ne pas obéir tout de suite, c'est-à-dire différer le moment où l'on va répondre à l'ordre donné, refuser d'obéir (en attendant que l'adulte renonce à sa consigne ou l'effectue lui-même, ou en s'y opposant plus frontalement), et désobéir (enfreindre volontairement une consigne clairement définie), le degré d'insubordination sera supporté différemment en fonction de la personnalité de l'enfant et de la tolérance des parents. Pourtant, il ne peut pas être évalué de la même façon.

Gagner en autorité n'est pas nécessairement se faire obéir sur tout et tout de suite. La nature et la pertinence des demandes interviennent, comme la prise en compte des besoins et des compétences de l'enfant, qui dictent ses capacités à répondre aux sollicitations ou aux exigences de l'adulte.

Les trois modèles éducatifs

Trois modèles éducatifs peuvent être décrits pouvant influencer trois types d'exercice de l'autorité. L'évaluation des pratiques éducatives se fait selon un axe défini par deux systèmes de valeurs opposés. Dans le premier, la priorité est donnée aux valeurs de conformité à la norme : politesse, propreté, obéissance ; alors que dans le second, l'importance revient aux valeurs d'initiative et de détermination individuelle : curiosité, esprit critique, originalité, respect des autres…

Selon ce que les parents vont privilégier, dans ces différents systèmes de valeurs, les principes éducatifs s'appuieront soit sur un contrôle externe et immédiat du comportement de l'enfant, soit sur un contrôle plus interne, moins rigide, laissant plus de place à l'initiative de l'enfant.

Ainsi, les attitudes éducatives pourront se structurer soit sur un mode strict, où la priorité est donnée aux règles et aux lois, avec une faible tolérance aux changements, soit sur un mode aléatoire, selon le plaisir des parents ou de l'enfant, sans cohérence particulière, sans régularité dans le fonctionnement ni dans les réponses proposées, soit sur un mode intermédiaire, proposant un cadre souple, mais stable et cohérent, permettant à la fois le respect des règles et des adaptations selon la nature de l'enfant. Elles se résument ainsi :

1 L'autoritarisme. Il se traduit par un besoin absolu de contrôle sur le comportement de l'autre. L'adulte impose les règles à l'enfant sans tenir compte de ses besoins effectifs, de sa sensibilité, de sa personnalité. L'éducation devient un affrontement dont le parent doit sortir vainqueur sous peine d'être déconsidéré. Manque de confiance de l'adulte en ses qualités de parent, doutes sur la solidité de son autorité implicite, besoin de satisfaction narcissique d'être obéi au doigt et à l'œil sont autant de facteurs inconscients qui encouragent cette attitude.

2 Le laxisme. À l'inverse, dans ce système-là, rien n'est imposé. Règles de fonctionnement et cadre de vie s'organisent selon le bon vouloir de l'enfant, et ne s'élaborent que si ce dernier accepte de s'y conformer. On ne lui demande pas plus de se soumettre à une quelconque loi que de fournir un quelconque effort. Cela concerne généralement des parents qui, selon une dynamique similaire, s'imposent le minimum de contrainte, et vivent le plus souvent dans la crainte de perdre l'amour de leur enfant s'ils le contrarient. Cette appréhension se manifeste dans la difficulté qu'ils ont à supporter les pleurs ou les colères de leur progéniture. Les menaces du style « je t'aime plus » ou « t'es plus ma maman » ont un fort impact sur ces parents qui cèdent sans résistance aux caprices.

Cette conduite est souvent favorisée par la difficulté à croire à la durabilité des liens parents-enfant, et par les doutes entourant les sentiments que tisse la filiation ; elle peut également résulter d'une démission parentale ou d'un désengagement, lorsque, par exemple, on est confronté à des problématiques sociales lourdes.

3 L'autorité pondérée. Elle s'inscrit comme un mode de fonctionnement intermédiaire dans lequel un compromis est trouvé entre le respect des règles fondamentales et élémentaires et la prise en compte du développement de l'enfant et de sa personnalité. Elle est l'apanage de parents confiants dans leurs droits et leurs devoirs vis-à-vis de leurs petits, et qui ne doutent pas de leur pouvoir parental. Or c'est précisément ce qui sécurise l'enfant : car si tout n'est pas autorisé, il ne lui est pas non plus interdit de tout faire. Ainsi quoi qu'il fasse, il sent que ses parents sont là pour l'accompagner sur les meilleurs chemins.

À l'inverse, une éducation trop laxiste, si elle peut ne pas avoir de conséquences trop désastreuses à la maison, risque à la longue de laisser l'enfant très démuni lorsqu'il se trouvera confronté au monde extérieur, notamment à l'école.

Comment se plier aux règles de vie en communauté, comment accepter les efforts que demandent les apprentissages et comprendre les nouveaux codes qu'imposent les relations sociales (il faut pouvoir partager, échanger, faire preuve d'empathie…) quand on n'y a pas été préparé ?

Les réactions de colères, de transgression, d'agitation ou d'agressivité risquent d'être interprétées pour ce qu'elles ne sont pas vraiment, alors qu'elles traduisent surtout angoisse et désarroi devant un carcan inattendu. Le travail d'adaptation à la réalité peut s'avérer long et difficile. L'enfant évoluant dans un contexte où domine l'autoritarisme, sera exposé au risque de développer une personnalité anxieuse ou rigide, dont l'expression peut virer à l'insoumission, notamment à l'adolescence.

Ces systèmes se nuancent bien sûr au quotidien. Chaque parent compose à partir de ces éléments son propre modèle éducatif selon ce qu'il va privilégier en fonction de sa propre histoire, de l'enfant et de sa fratrie (l'application d'un modèle éducatif n'est pas toujours le même selon la place de l'enfant au milieu de ses frères et sœurs, ses conditions de venue au monde, son rapport avec ses parents...), mais également du contexte familial et social. Il peut ainsi évoluer au cours du temps en fonction de ces différents paramètres.

Cette autorité parentale ne se joue pas que dans le théâtre restreint de l'univers familial. Elle s'exprime dans tous les endroits où enfants et parents vont se retrouver : chez les grands-parents, à l'école, au centre aéré... Parallèlement, les autres adultes présents sont amenés à endosser un rôle auprès de l'enfant. L'autorité au quotidien n'est donc pas l'apanage des seuls parents. Dès l'instant où ils se voient confier l'enfant, grands-parents, beaux-parents, enseignants ou tuteurs... exercent également une responsabilité à laquelle s'associe une certaine part d'autorité. Leur donne-t-elle par ailleurs le droit de punir ?

Le rôle des grands-parents

Si l'autorité des parents est directe, celle des grands-parents l'est par ascendance. Ainsi, les parents des parents (qui ont eu et conservent de façon plus ou moins explicite et plus ou moins acceptée, une autorité sur leurs enfants) peuvent par transitivité exercer une certaine autorité sur les enfants de ces derniers.

▶ UNE AUTORITÉ PAR DÉLÉGATION

Cette autorité par délégation, comme celle que nous évoquons ci-dessous, présente plusieurs spécificités. En premier lieu, elle est reconnue par la loi. À l'occasion de conflits intrafamiliaux, de séparation entre les parents et même en cas de désaccord entre parents et grands-parents, ceux-ci peuvent garder s'ils le demandent un droit de visite et parfois d'hébergement de leurs petits-enfants...

Ils n'ont pas d'autorité directe, mais cette possibilité de les recevoir maintient un lien évident et une responsabilité dans ce que ces enfants peuvent dire, faire ou ne pas faire, lorsqu'ils sont sous leur garde.

▶ LA « DETTE DE VIE »

D'un point de vue plus affectif, les parents peuvent se sentir soumis à l'autorité de leurs propres parents. Les facteurs qui entrent en jeu sont bien sûr l'histoire qui les lie, et les relations de dépendance qui subsistent entre eux, au cœur desquelles intervient de façon inconsciente la notion de « dette de vie ». Cette dernière se résume par le sentiment que pour s'acquitter de la dette que l'on ressent à l'égard de nos parents (et de la mère en particulier) qui nous ont donné vie, on doit « offrir » en retour son propre enfant.

▶ LES PARENTS RESTENT LES ENFANTS DES GRANDS-PARENTS

Un autre élément est le regard critique (positif ou non) que les grands-parents portent sur les parents (ou que ces derniers ont le sentiment de ressentir) dans l'exercice même de leur parentalité. « De mon temps on n'aurait jamais accepté une telle attitude », « si ton fils est comme ça, tu ne dois t'en prendre à toi-même... ». Les remises en question des « principes éducatifs d'aujourd'hui » sont l'expression d'une position dans laquelle le grand-parent reste le parent du parent qu'il continue de considérer comme un enfant à éduquer.

De même, il peut y avoir une certaine ambivalence lorsque l'on confie ses enfants à ses propres parents ou à ceux de son conjoint. Car si les emplois du temps variés et surchargés de chacun, enfants comme parents, peuvent nécessiter le soutien des grands-parents, la confiance dont on les honore n'est pas toujours absolue. Suivant des facteurs symétriquement opposés, le parent de l'enfant peut continuer de percevoir le grand-parent comme un parent dont il remet l'autorité ou les modalités éducatives en question, en fonction du souvenir qu'il en conserve.

Autour de la garde et de l'éducation des enfants peuvent se rejouer des conflits plus anciens. Or on peut s'avérer un bon grand-parent après avoir été un piètre parent. Les relations qui se développent avec le petit-enfant sont de nature totalement différente. Elles sont notamment exemptes de toutes obligations éducatives.

De ce fait, les grands-parents peuvent se montrer plus souples sur les règles éducatives et plus prompts à satisfaire les moindres désirs de leurs petits-enfants. Rappeler que les parents ont d'abord été les enfants des grands-parents ne doit pas pour autant remettre en question l'autorité des parents, même si l'on évoque le fait qu'ils ont eux-mêmes commis des bêtises lorsqu'ils étaient plus jeunes. Le caractère « d'ancien parent » doit laisser la priorité aux parents.

Camille adore aller chez sa grand-mère. Mais Noémie hésite toujours à confier sa fille à sa propre mère, qu'elle trouve trop laxiste. Elle l'accuse d'être trop permissive et de faire de Camille une petite capricieuse. De fait, l'enfant se montre très différente chez sa mamie lorsque sa mère est là : plus agitée, elle refuse d'obéir à sa mère, et fait régulièrement des caprices que la grand-mère calme par des promesses et des dons en cachette. Le comportement de Camille est cependant très différent lorsqu'elle est à la maison, ou à l'école ; sa maîtresse d'ailleurs ne tarit pas d'éloges à son sujet.

Décryptage

Cela justifie-t-il les reproches faits à la grand-mère ? En réalité, lorsqu'elles sont toutes les deux, grand-mère et petite-fille, tout se passe toujours bien ! En revanche, il est probable que Camille perçoive les tensions qui persistent entre sa mère et sa grand-mère, issues de leur histoire commune. Noémie reconnaît d'ailleurs qu'elle supporte mal que sa mère cède sur tout, quand elle repense à l'éducation très sévère qu'elle a subie. Plus qu'un tempérament capricieux, le comportement de Camille traduit plutôt l'anxiété dans laquelle la plongent les conflits de loyauté qui l'agitent. (Qui écouter ? mamie ou maman ? À qui faire plaisir, sachant que mamie est plus vieille, et qu'on la voit moins souvent...) Ne pas écouter (ce qui perçu par la mère comme une volonté de désobéir) correspond davantage à une fuite dans les jeux.

▶ ATTENTION AU CONFLIT DE LOYAUTÉ

Les différences éducatives et notamment les attitudes permissives ne sont pas en soi responsables de l'agitation de l'enfant. Il n'y a pas une éducation identique à une autre, et il est fréquent d'avoir des conceptions différentes en fonction de son âge, de son expérience, de l'époque et de l'éducation qu'on a soi-même reçue…

Il appartient simplement de faire des choix, lorsque l'enfant est au cœur de plusieurs conceptions éducatives pour qu'il ne se sente pas partagé entre ceux qu'il aime. Pour éviter une rivalité pernicieuse dans cette responsabilité éducative, on peut appliquer une règle simple : l'autorité qui prime incombe au responsable de la maison où l'enfant se trouve. Ainsi, l'autorité des grands-parents se substitue – transitoirement – à celle des parents quand on se trouve chez eux. Depuis qu'elles ont décidé ensemble que « quand on est chez mamie, c'est elle qui commande ! », le calme semble revenu.

Noémie a bien compris qu'elle n'avait pas à redouter que Camille prenne de mauvaises habitudes : l'influence des grands-parents reste relative au temps passé ensemble et surtout à la distance générationnelle. Bien sûr, il faut pour cela s'entendre un minimum entre adultes et parvenir à un compromis.

L'autorité des frères ou des sœurs aînés.

D'autres membres de la famille sont parfois concernés par la question de l'autorité. Le seul fait d'être plus âgé que l'enfant confère parfois un sentiment de supériorité, qui associé à celui d'une certaine responsabilité, peut favoriser ce type d'ascendance. C'est le cas notamment des frères ou des sœurs aînés.

Combien de fois avons-nous observé ces situations où le premier-né impose une sanction au plus jeune, lorsque ce dernier commet un acte qui le contrarie, ou pour lequel il a lui-même été sanctionné. Cela survient souvent de façon spontanée, mais est parfois légitimé par le parent lui-même, qui confie à l'aîné responsabilité du cadet.

La consigne « surveille ton petit frère » peut alors conférer au plus grand une autorité qui n'est pas toujours appropriée. Car, outre la toute-puissance qu'elle lui attribue, elle sous-entend que les parents n'arriveraient pas seuls à assumer leurs devoirs et à protéger leurs enfants. Or, seuls les parents sont responsables de leurs enfants.

L'autorité au sein des familles recomposées

D'un point de vue juridique, le beau-parent n'a pas d'autorité légale sur l'enfant de son conjoint. Les responsabilités qui l'engagent, accompagner l'enfant à l'école, s'en occuper à la maison, le conduire chez le pédiatre ou à ses activités sportives ou artistiques, lui ont été de manière plus ou moins implicite déléguées par le père ou la mère. Or, si des responsabilités lui sont confiées, elles lui confèrent implicitement un rôle dans la protection et l'éducation de l'enfant.

Que faire devant un adolescent qui ne veut pas obéir au conjoint de son parent ?

Marcel serre les dents

····➤ Il a 15 ans aujourd'hui, et, quand je le reçois, il y a bien longtemps que sa puberté est derrière lui. Consulter est devenu une urgence depuis que les conflits entre son beau-père et lui en sont venus au stade du pugilat. Et que les « t'es pas mon père, tu n'as rien à me dire » se sont mués en coups de poing. Il y a quatre jours, la mère de Marcel a dû faire appel aux pompiers, n'arrivant pas à séparer son fils et son compagnon qui se battaient comme deux prétendants… Depuis qu'il est adolescent, Marcel s'oppose de plus en plus à sa mère, et c'est pour défendre sa compagne que Paul, le beau-père, intervient régulièrement, ce qui envenime évidemment leurs relations.

Décryptage

Dans les entretiens que nous avons, par la suite, Marcel reconnaît n'avoir jamais accepté que ses parents se séparent. Il avait six ans et chaque week-end ou vacances passés avec son père, il lui semblait être témoin de sa chute. Son père, toujours célibataire, n'est jamais parvenu à faire le deuil de sa relation amoureuse et familiale.

Marcel est progressivement devenu le bras armé de son père, qui trouve là (bien inconsciemment) l'opportunité de régler son compte à celui qui lui a pris sa femme.

Parallèlement, la culpabilité de la mère, qui ne s'est pas apaisée depuis la séparation, joue un rôle dans son silence. Déjà, lorsqu'il était plus jeune, la mère n'osait rien dire quand il se rebellait contre son beau-père ou ne respectait pas ses demandes. De fait, elle confiait à son conjoint la responsabilité des sanctions. Or accepter ces sanctions c'était donner raison à un « usurpateur » en lui reconnaissant une autorité venant éclipser celle du père. Ainsi, plus Marcel est puni, plus se renforce son sentiment d'injustice.

« Je comprenais que Marcel puisse lui en vouloir, se souvient sa mère. À l'époque, il se contentait de bouder ou de faire comme s'il n'entendait pas ce que mon ami lui demandait. Comme il acceptait sans trop d'opposition ce que moi j'exigeais, je pensais que ça lui passerait avec le temps et que des relations pourraient se développer avec Paul... » Seulement voilà, l'enfant a grandi, et son opposition passive s'est transformée en affrontement physique.

Dans cette situation, non seulement la punition ne sert à rien, mais elle contribue même à aggraver les choses. Plus le beau-père cherche à sévir, plus l'adolescent, qui vit ces sanctions comme des injustices de plus en plus insupportables, va se rebeller et réagir violemment. Le fait que le beau père soit considéré comme illégitime pour punir renforce encore davantage les tensions.

Si toutes les situations ne sont pas aussi dramatiques, la non-reconnaissance de l'autorité du conjoint est une situation d'autant plus fréquente que le second parent l'entretient. Il importe alors de penser à l'intérêt de l'enfant, plus qu'à son amour-propre.

Au parent de jouer le rôle de reprendre l'enfant, ce qui fonctionne évidemment mieux quand l'autre parent joue aussi le jeu, sépare les espaces et tente de faire le point de ses ressentiments.

▶ QUELQUES PRINCIPES DOIVENT ÊTRE RAPPELÉS

Le beau-parent ne remplace pas l'autre parent, quelles que soient les raisons de son absence (divorce ou décès). Pour autant, le développement de liens affectifs n'est pas à éviter ni à redouter, d'autant moins que chacun est conscient de sa place et de son rôle.

Au sein d'une même famille, un respect implicite s'instaure par le fait que chacun de ses membres est tenu d'observer les règles en usage à la maison. Celles qui concernent le parent sont aussi valables pour son conjoint, en tant qu'adulte coresponsable du fonctionnement domestique. Plus encore, la notion de lien fonde la notion de respect : le conjoint est celui ou celle avec qui la mère ou le père a tissé des liens d'amour (cet amour n'a pas à être jugé) et de confiance. Cette confiance entraîne celle qu'on lui accorde naturellement pour s'occuper de l'enfant et participer à son éducation. C'est ainsi que naît l'autorité des beaux-parents.

Elle est d'autant plus nécessaire que se partagent des instants de vie commune. S'ils viennent à faire défaut (un parent qui n'a pas suffisamment confiance dans son conjoint pour le laisser s'occuper des enfants, un conjoint qui voudrait remplacer le parent manquant, un enfant qui ne reconnaît pas le transfert de l'autorité…), c'est l'équilibre de la nouvelle famille qui risque de s'en trouver menacé.

L'autorité du conjoint est donc celle qu'il acquiert par la transmission d'une part de l'autorité parentale. Par conséquent, en matière de sanction, la règle sera de convenir d'un accord sur ce que le parent délègue à son conjoint.

····➤ Un jour de calme, Paul a proposé à Marcel de l'accompagner à son cours de krav-maga. En chemin, Paul a insisté sur le fait qu'il n'était pas son père, lui disant qu'il ne tenait pas à le remplacer. « Je ne suis pas non plus responsable de ce qui est arrivé à ton père. Tes parents ne s'entendaient plus bien avant que je rencontre ta mère. Tu peux continuer à me faire porter le chapeau, mais ça n'aidera pas ton père. »

Une autre forme de délégation de l'autorité parentale concerne les adultes à qui sont confiés les enfants pour des missions spécifiques : enseignants, professeurs de sport ou de musique, moniteurs de centres de loisirs…

Autorité par délégation

Avec les enseignants, les animateurs de centres de loisirs ou toutes autres structures auxquelles sont confiés les enfants, les professeurs de sport ou d'activités artistiques, s'opère ce que l'on pourrait appeler un transfert de l'autorité parentale. Certes, cette délégation n'est que partielle : elle est limitée dans le temps (le temps de la journée scolaire) et ne peut que s'exercer dans les domaines de compétence pour lesquels l'adulte est missionné.

Pendant la classe, il appartient à l'enseignant de faire respecter les règles liées au fonctionnement scolaire. Ainsi, il sera de son ressort d'exiger que l'enfant se mette en rang ou lève le doigt pour parler – alors qu'on ne lui demandera pas de la faire à la maison. De même, il serait tout à fait inopportun que la maîtresse doive s'assurer que l'enfant se brosse bien les dents le soir ou range sa chambre…

Même si cela semble aller de soi, car il est important de le rappeler, la réciproque est vraie. La délégation de l'autorité parentale permet également de décharger en partie le parent de sa responsabilité : ce qui se passe à l'école, ou au club de foot, par exemple, concerne avant tout l'enfant et l'adulte qui en est responsable. Ainsi, même s'il convient de les en informer, il n'est pas forcement approprié que l'enseignant reproche aux parents le mauvais comportement de leur enfant – et plus encore, qu'il leur demande de sévir – lorsque celui-ci a lieu en classe. Le professeur est responsable du bon déroulement de son cours, à lui d'agir, s'il lui paraît nécessaire de le faire. On pourra alors rappeler que si un enfant a déjà été sanctionné à l'école, il ne sera pas nécessaire de le punir à nouveau une fois rentré à la maison. Les enfants non plus n'ont pas à subir de double peine.

> Les parents de Paulo ont décidé de porter plainte contre le professeur de leur fils. Ce dernier, dans un accès de colère ou de peur, a giflé l'adolescent qui tentait de faire le mur pendant la récréation. Alors que le jeune garçon se débattait pour échapper à l'adulte, qui l'avait empoigné par le sweat-shirt, le coup est parti comme par réflexe.

On enregistre de plus en plus de plaintes de ce type, depuis quelques années, et les condamnations pour ce genre d'actes font régulièrement l'objet d'entrefilets dans les rubriques des faits divers régionaux. Si le geste de l'enseignant est effectivement inadmissible, la réaction des parents interpelle également. D'une part parce qu'elle remet en question l'autorité de l'adulte qui a la responsabilité de l'enfant (c'est pour éviter un accident que l'enseignant a réagi instinctivement), et d'autre part parce qu'elle semble légitimer l'action du garçon, lequel s'est pourtant mis en danger. Aussi importe-t-il de gérer les deux situations de manière indépendante.

Dans un premier temps, si on veut éviter qu'il récidive ou multiplie les comportements à risque, la bêtise de l'adolescent doit être prise en considération. Il est nécessaire que l'institution scolaire (en la personne du directeur ou de tout autre représentant) puisse avec l'assentiment des parents sanctionner la transgression du fils.

Dans un second temps, on réfléchira au meilleur moyen de blâmer l'acte du professeur. Il n'est pas indispensable que cela passe par un jugement. En revanche, que le professeur puisse s'excuser et dire qu'il regrette son geste constituerait une mesure suffisamment symbolique pour être efficace. En retour, l'adolescent pourrait également reconnaître son erreur et les risques qu'il a courus, en s'engageant à ne plus recommencer…

On peut s'interroger sur l'empressement qu'ont certains parents à stigmatiser l'erreur de l'enseignant avant celle de leur progéniture. On semble oublier le fait qu'enseignants et parents ont une mission commune, à savoir l'éducation de l'enfant, laquelle ne peut se concevoir que si chacun respecte le rôle et la fonction de l'autre.

Quel que soit le contexte où s'exprime cette autorité, directe, relative ou par procuration, il importe qu'elle se fasse dans le respect de chacun.

Le respect au cœur des relations

Une règle simple en matière de respect est que pour être respecté, il faut respecter l'autre. Il s'agit de respecter à la fois l'individu et la fonction qu'il occupe.

Placer le respect au cœur des relations parents-enfant, c'est comprendre que l'enfant n'est pas un adulte en miniature vis-à-vis de qui l'on peut avoir les mêmes exigences mais que dans le même temps, il s'agit d'un individu à part entière avec sa sensibilité et son caractère et d'un sujet en devenir. L'éducation participe à son développement.

4

Y-A-T-IL UN ÂGE POUR PUNIR ?

COMPRENDRE SON ENFANT

Comprendre n'est pas tout excuser, mais permet de s'interroger sur les facteurs qui ont participé à la réalisation d'un acte qu'on considère a priori comme une bêtise, ou un comportement inapproprié, afin de proposer une réponse adaptée. Je me souviens d'un père qui, lorsque j'évoquais la possibilité de réfléchir sur la nécessité de donner une fessée, m'avait répondu : « Et alors, comment fait-on si l'on n'a plus le droit de donner des fessées ? ! »

Ne pas donner de fessée ne signifie pas de laisser faire aux enfants tout ce qu'ils veulent. Il est bien sûr nécessaire de poser des limites et de les imposer. Mais avant de réagir par une punition, on pourra s'interroger sur la nature du comportement de l'enfant, afin de ne pas confondre la bêtise avec l'erreur, l'ignorance ou la maladresse. De même, face à des crises, il ne faudra pas oublier que l'enfant est le premier à en pâtir. Car ces manifestations despotiques ne sont pas dues systématiquement à une personnalité particulière de l'enfant, mais se développent en synergie avec l'accroissement de désirs qui ne sont pas limités. De telles colères ne sont pas l'expression d'un mauvais caractère, mais essentiellement celle d'un sentiment intolérable de frustration que l'enfant ne parvient pas à gérer.

DU PETIT PRINCE À L'ENFANT ROI, POUR EN FINIR AVEC LE MYTHE DE L'ENFANT-TYRAN

Lorsque l'enfant vient au monde, ses parents s'attendent à ce qu'il ressemble au bébé dont ils ont rêvé. Or le petit ange se révèle être une créature dépourvue d'autonomie, qui demande de l'attention, présente des besoins à combler, et dont il va falloir s'occuper pour tous les soins du quotidien. C'est également un individu avec des émotions, des humeurs, des demandes qu'il s'agira de comprendre même s'il ne parle pas.

En grandissant, le petit prince acquiert de l'autonomie et de nouvelles possibilités, développe ses compétences, mais il lui faudra un certain temps avant de pouvoir gérer ses envies, moduler ses désirs et acquérir le sens des responsabilités et de certaines valeurs comme le bien et le mal, sans lesquelles il ne lui est pas facile de comprendre qu'il a fait une bêtise et qu'il ne doit pas recommencer.

Le développement psychoaffectif et les bêtises

Avant 2 ans, la punition qui consiste à infliger une peine sans lien avec le comportement ou l'acte que l'on veut condamner n'a aucun sens. Ce stade de développement correspond à ce que le psychologue Jean Piaget a appelé la période de l'intelligence sensori-motrice.

▶ LES PREMIÈRES ANNÉES DU BÉBÉ

Durant ces premières années, les activités du bébé se composent avant tout d'exercices réflexes au cours desquels il met en place ses premières habitudes et adapte ses expériences sensorielles et motrices afin de développer des activités intentionnelles. Il va y intégrer progressivement les choses, jouets ou objets à portée de main, et les êtres de son entourage. Nulle notion de bien ou de mal, de bêtises ou d'interdit. Ses limites sont définies par ce que ses compétences psychomotrices lui permettent.

Dès qu'il commence à se déplacer (même sur les genoux !), ses pulsions de découverte le poussent à explorer son monde immédiat. Et ses outils d'exploration et d'interaction avec le monde sont ceux que lui fournissent ces cinq sens : l'ouïe, la vue, l'odorat, le toucher et le goût. Il n'y a rien d'étonnant à ce qu'il porte tout à sa bouche, puisqu'il trouve là un organe précis d'analyse de ce qui l'entoure ! Deux trous dans le mur, de la taille de ses doigts ? C'est qu'on peut sans doute les y introduire ! Ce que le parent qualifie de bêtise correspond pour l'enfant à une expérience. Le rôle du parent sera d'évaluer si celle-ci peut s'avérer bénéfique, inutile ou dangereuse pour l'enfant afin de l'autoriser ou de l'interdire. Mais l'interdiction ne suffit pas bien souvent ; elle doit être régulièrement réitérée.

Voici un genre de situation qu'on observe fréquemment. Alors que des adultes sont en pleine conversation avec leurs amis, le petit Tom déambule à quatre pattes sur le tapis. Mais le sujet prenant des échanges n'a pas (pour autant) détourné l'attention de sa mère qui pousse un cri sévère quand elle le voit tendre ses doigts vers la prise électrique. Un instant interloqué, Tom suspend son geste avant de poursuivre...

« J'ai dit non ! », insiste sa mère, qui est finalement obligée de se lever en constatant que ses mots n'arrêtent pas l'enfant. Devant l'absence de réponse, une tape vient corriger la main coupable et déclencher les pleurs de l'enfant.

« Il est très désobéissant. Il n'y a que comme ça qu'il comprend. De toute façon, ce n'est qu'une petite tape sur la main... »

Même si des traits de personnalité se dessinent parfois très précocement, les facteurs qui interviennent dans un comportement sont multiples, et ce dernier n'est pas dû au seul fait que l'enfant soit têtu ou qu'il ait « un sacré caractère ». Son développement cognitif ne lui permet pas encore de généraliser les expériences qu'il fait.

Il lui faudra un certain temps pour intégrer que si une situation ou un objet est interdit(e), ce sont toutes les situations similaires qui le sont. « Cette prise est interdite d'accès, mais qu'en est-il de la prochaine… » pourrait-il dire s'il était capable de formuler sa pensée…

▶ À CET ÂGE, INUTILE DE PUNIR

Contrairement à l'adage souvent revendiqué pour justifier une sanction, l'enfant de cet âge ne tirera « aucune leçon » d'une réprimande sans lien direct avec ce qu'il a fait. Inutile de s'attendre à ce qu'une tape sur la cuisse ou la main lui fasse comprendre qu'il ne faut pas qu'il mette ses doigts dans la prise, car il pourrait s'électrocuter ou qu'il est défendu de toucher au vase de mamie, car il risque de le briser.

Dans un premier temps, le jeune enfant va surtout l'interpréter comme une modalité relationnelle ordinaire, où la stimulation sensorielle désagréable fait partie de l'échange. Comme cela peut l'être pour d'autres moments, tel le bain où alternent des moments agréables, liés au soin, et des moments qui le sont moins (savon dans les yeux, passage de la tiédeur de l'eau au froid de l'extérieur, caresse du gant remplacée par le frottement de la serviette sèche et râpeuse).

Puis, si l'enfant persévère, les tapes ou fessées deviennent plus appuyées, les cris du parent plus intenses – le stimulus s'avérant plus douloureux –, un sentiment de crainte peut se développer sur le modèle du conditionnement, où le haussement de ton et la menace gestuelle (main levée) réveille le souvenir douloureux et arrête l'enfant dans son action. Mais cette réaction de protection ne correspond pas à un apprentissage qui permettrait de saisir le sens de l'interdit et d'en éviter la répétition.

Ainsi, l'enfant comprendra mieux qu'il lui est défendu de toucher à telle ou telle chose si l'accès lui en est effectivement impossible.

Cache-prises, loquets, zones de rangement inaccessibles... sont les meilleures sanctions à proposer aux enfants touche-à-tout.

▶ BÊTISE OU EXPÉRIMENTATION ?

De plus, doit-on vraiment considérer comme une bêtise, ou un acte répréhensible, un comportement qui s'inscrit dans un processus de développement ? On pourrait ainsi évoquer à nouveau toutes les « expériences » que l'enfant est amené à effectuer pour grandir et acquérir de nouvelles compétences, et tout ce qu'il peut mal faire, en raison d'une construction psychomotrice et affective encore immature. Doit-on, par exemple, sanctionner les gestes maladroits d'un enfant qui renverse ou casse un objet, ou punir un enfant qui reproduit un comportement qu'on lui a défendu parce qu'il n'a pas saisi que c'était interdit ?

La première question que l'on peut se poser, lorsqu'il s'agit de caractériser ce comportement, est justement de savoir en quoi est-il répréhensible ? Comporte-t-il un risque pour l'enfant ou son entourage, ou n'a-t-il que l'inconvénient de déranger les adultes qui l'entourent ? *A contrario,* peut-il être utile à l'enfant ? Lui apporte-t-il quelque chose ? Peut-il l'aider dans son développement ?

Pour ne pas faire de bêtises, l'enfant a besoin de développer un certain nombre de compétences avec lesquelles il n'est pas venu au monde. S'il doit parvenir à bien maîtriser ses mouvements pour éviter les maladresses qui sont à l'origine d'un certain nombre de bévues, il doit également apprendre à gérer ses désirs et ses émotions, dont certaines, lorsqu'elles deviennent débordantes, peuvent être considérées par les adultes comme des comportements inopportuns ou à répréhensibles, à l'instar des colères ou des caprices.

Un tyran tiraillé entre ses désirs et la réalité

Le fonctionnement psychologique et affectif de l'enfant dans les premières années de sa vie s'appuie essentiellement sur le principe de plaisir. Il correspond à l'exigence d'une satisfaction immédiate des besoins. Pour le nourrisson, dépourvu d'autonomie et de capacité d'analyse, c'est un mécanisme indispensable à sa survie : il va pouvoir évaluer ses besoins grâce à des sentiments plus ou moins agréables : maux de ventre quand il a faim, irritations quand il est souillé, (c'est le déplaisir), ou, au contraire, apprécie que ses besoins aient été comblés à leur juste mesure, par le plaisir qu'il en retire. Et, comme le nourrisson ne peut satisfaire seul ses besoins, il va solliciter l'adulte qui s'occupe de lui par l'expression spontanée de son inconfort.

▶ PRINCIPE DE PLAISIR ET FRUSTRATION

Ainsi, dès que le bébé a faim, il commence à s'agiter, à être bougon, puis à pleurer, jusqu'à ce que son parent le nourrisse. Il peut se remettre alors à sourire, à gazouiller ou à dormir... Ce sont plus ou moins les mêmes codes qu'il emploie, quels que soient ses besoins (s'il est fatigué ou souillé, s'il a envie d'un câlin ou s'il a mal au ventre...), avec des nuances que le parent apprend à distinguer pour savoir ce qu'il doit faire pour satisfaire son enfant.

Toutefois, il n'est pas rare que plusieurs besoins surviennent en même temps, et qu'il soit difficile de les satisfaire immédiatement. Sans compter qu'un parent peut également ne pas être disponible au moment où il le voudrait. C'est là qu'intervient le principe de réalité. Imaginons cet enfant qui s'éveille, souillé et affamé. Il se met à pleurer, mais sa mère est déjà occupée à surveiller le lait qui chauffe sur le fourneau. Que va-t-elle choisir en premier ? De le laver ou de le nourrir ? Le bébé ne se sentira comblé qu'une fois tous ses besoins comblés. Pour peu qu'il faille attendre que son lait refroidisse...

L'enfant est donc forcément exposé à des petits moments de frustrations et de conflits entre les choix qui lui sont imposés. Ces instantanés d'insatisfactions sont inévitables et également nécessaires. Ils permettent de mettre en place des processus de réassurance, lorsque l'enfant prend conscience que, malgré le délai, le parent répond régulièrement à ses attentes. L'enfant développe aussi ses capacités à supporter les frustrations.

Toutefois, il est important que ce laps de temps ne soit pas trop long : l'enfant risque de se décourager, de renoncer et d'éprouver un sentiment grandissant d'insécurité. Mais l'attente ne doit pas être trop courte non plus, ou la satisfaction immédiate. En le dispensant d'attendre, l'enfant ne développe pas cette petite appréhension qui, parce qu'elle se trouve dans un second temps soulagée lui permet de développer une stratégie de réassurance. Cela favorise également un sentiment de toute-puissance indissociable de celui de dépendance à l'adulte, comme lorsqu'il était encore un tout petit bébé. L'enfant grandit alors avec ce sentiment d'être très vulnérable (les tensions que génèrent les frustrations renforcent ce sentiment) que seule la satisfaction du désir peut, transitoirement, apaiser. Il ne s'agira pas cependant de faire attendre trop longtemps un enfant volontairement, mais d'être soi-même en adéquation avec les réalités du quotidien, et de trouver les justes compromis pour doser judicieusement l'attente. Dans ce domaine, il n'y a pas de règles absolues : interviennent la sensibilité de l'enfant et de ses parents, leurs capacités réciproques de tolérances et leurs facultés d'adaptation à l'autre et aux circonstances.

Plus l'enfant grandit, plus il s'expose à des expériences nouvelles riches en émotions. L'expression de ces émotions ne va pas toujours sans poser de problèmes aux parents, qui peuvent être confrontés à la question de devoir, ou non, les refréner. C'est surtout le cas des colères qui peuvent fréquemment faire l'objet de punitions.

Colère et persévération

La colère n'est pourtant que l'expression d'émotions diverses comme la frustration, le mécontentement, parfois la honte ou l'énervement.

Il y a bien souvent un facteur déclenchant préexistant au développement de la colère de l'enfant, même s'il passe inaperçu aux yeux des parents. La plupart du temps, une envie (le jouet du supermarché, l'objet avec lequel un autre enfant s'amuse…) ou un besoin (la faim, l'envie de bouger, la fatigue…) va être à l'origine d'une frustration. Il peut aussi s'agir d'une pulsion, qui, refrénée par l'adulte, revient sous forme de tension et va dans un second temps se développer puis s'auto-entretenir. En général, très vite, l'enfant ne sait plus pourquoi il est en colère. Mais les pleurs stimulent l'énervement et l'agitation.

Il est donc inutile de demander à un enfant pourquoi il est en colère. La perplexité risque d'ajouter un désagrément supplémentaire à la confusion de ses émotions.

Il n'y a pas de bonnes et de moins bonnes émotions

Les émotions sont des sensations qui s'imposent à l'individu en fonction des situations auxquelles il est confronté. Elles jouent le rôle d'indicateurs sur ce que l'on est en train de vivre, en colorant ces moments de nuances agréables, pénibles, drôles, tristes ou inquiétantes. Il est même probable qu'elles aient participé à la survie de nos ancêtres préhistoriques en orientant leurs réactions. Comme l'illustrent ces associations : sentiment d'inquiétude ? attention danger ! Colère ? regain de force pour abattre l'ennemi. Envie de rire ou sentiment de confiance ? c'est la bonne personne pour fonder un clan, une famille...

L'enfant devra apprendre à moduler l'expression de ces émotions. Mais différents processus interviennent qui ne relèvent pas seulement de la volonté, de l'éducation ou du caractère. L'immaturité psychoaffective (à l'origine de l'incapacité de l'enfant à gérer ses émotions) est aussi en lien direct avec le développement encore inachevé du système nerveux central.

La colère, une affaire de molécule

Une fois enclenchée, la colère est un peu comme un cheval lancé au galop : elle a du mal à s'arrêter seule. Ce n'est pas qu'une question de mauvais caractère. Les processus physiologiques y sont surtout pour quelque chose. Les émotions sont insufflées en partie par des petites molécules appelées hormones ou neuromédiateurs. L'une des plus connues est l'adrénaline, notamment pour le rôle qu'elle joue dans les sentiments de peur. Une fois sécrétée, il faut attendre sa dissolution pour retrouver un étant émotionnel de base. Ce qui explique qu'on puisse rester triste après la vision d'un film dramatique, même si rien dans notre quotidien ne le justifie ou toujours en colère même lorsqu'on a obtenu ce qu'on réclamait…

→ Tous les soirs, après le bain, au moment de se mettre en pyjama, Damien éclate de colère. Souvent pour une broutille : le pyjama est trop rêche, on ne retrouve plus son doudou, il a oublié son jouet dans la salle de bains et il faut y retourner… Sa mère ne sait plus que faire, elle a déjà tout essayé : la méthode compréhensive (on cherche le doudou, on récupère le jouet…), la méthode ferme (« tu t'habilles d'abord, on verra ensuite »), la diversion (en improvisant un jeu pour le pousser à enfiler le pyjama, l'air de rien). Mais rien ne calme la colère de Damien et encore moins les punitions qui n'empêchent pas la répétition du même cinéma le lendemain.

Décryptage

Damien est chaque soir très frustré de devoir quitter le bain, ce moment qu'il adore. Il commence à sécréter ces fameux neuromédiateurs, sans bien sûr, s'en rendre compte mais surtout sans comprendre pourquoi il se sent bougon alors qu'il vient de passer un moment particulièrement agréable (ce que sa maman lui fait d'ailleurs remarquer).

Les petites hormones de la colère entrent dans la danse, et le doudou absent, les gênes diverses (« ça me gratte », « tu m'as fait mal ») deviennent autant de prétextes favorisant son expression.

Comprendre les processus en jeu a conduit la mère de Damien à anticiper davantage la fin du bain, en évoquant notamment toutes les activités agréables qui vont suivre. C'est aussi Damien qui a la responsabilité de libérer la bonde, et il s'amuse beaucoup à observer le mouvement de l'eau qui se vide en attirant ses canards en plastique. Ainsi, en limitant la frustration de l'enfant en programmant d'autres jeux aussi agréable et surtout en rendant l'enfant acteur de la fin de cette activité, elle a réussi à désamorcer cette situation délétère et le bain est redevenu un plaisir partagé.

L'entraînement neurophysiologique n'est certes pas le seul à intervenir. Les facteurs relationnels doivent également être pris en compte, parmi lesquels les mécanismes en miroir.

Colères en miroir

La colère des parents qui répond à celle de l'enfant entretient et renforce cette dernière. Certes, on peut vite être excédé ou désemparé devant une agitation et des hurlements qui ne cèdent pas, en dépit des appels au calme ou des mises en garde. Cependant, plus les parents vont se fâcher et crier, plus l'enfant risque de s'enferrer dans sa colère.

Cela répond à un principe émotionnel simple : on ne calme pas une émotion par son double. On ne dissipe pas une peur par une plus grande frayeur, on ne soulage pas la tristesse par une peine plus profonde... De même, on ne calmera pas la colère par une fâcherie plus intense... En présence d'un état d'agitation, seul un temps de pause et de mise à distance permet le retour au calme. Dans les moments d'agitation plus intenses, pourra s'envisager ce qu'on appelle une contention bienveillante. Nous reviendrons prochainement sur ces notions, qui permettent de gérer la crise. Mais il reste primordial de pouvoir les éviter.

L'éducation reste la meilleure forme de prévention. L'attention portée aux premières années de développement favorise le bon déroulement des années à venir. Élever un enfant consiste à assumer deux fonctions essentielles : subvenir à ses besoins, ce qui ne veut pas dire céder immédiatement à tous ses désirs, et lui permettre d'acquérir des repères à partir desquels il pourra faire des choix judicieux pour lui et pour son entourage.

QUAND L'ENFANT DEVIENT AUTONOME

Le développement de l'autonomie de l'enfant va de pair avec une meilleure prise en compte des réalités extérieures. Elle lui permet également de se détacher progressivement de ses parents, ou plutôt d'en être moins dépendant, et, de ce fait, de prendre mieux en compte la personne qui satisfait ses besoins et prend soin de lui. Parallèlement, l'enfant développe une vision plus objective du monde.

Les plaisirs de l'âge de raison

Le plaisir de la découverte et de l'exploration prend le pas sur les plaisirs plus immédiats, et développe son intérêt pour des plaisirs différés. Le plaisir de jouer, d'imaginer, d'être en interaction avec d'autres, d'apprendre, va prendre de plus en plus d'importance et favoriser l'extension de ses capacités à gérer ses émotions. Il est donc important de l'accompagner dans cette voie en favorisant son indépendance, en l'encourageant à faire des choses par lui-même, sans pour autant exiger ce qu'il ne serait pas encore en mesure de réaliser.

Les gratifications parentales, les encouragements, les cadeaux, mais également une plus grande liberté d'action, un sentiment de puissance d'un autre ordre vont également l'aider à gérer les frustrations liées aux contraintes auxquelles l'enfant est de plus en plus soumis en grandissant. Que tous ses désirs ne soient pas exaucés systématiquement et instantanément lui paraîtront d'autant plus acceptables qu'il peut bénéficier d'autres avantages.

Il quitte la petite enfance pour l'âge de raison (6-11 ans). Cette avancée s'accompagne d'une prise de conscience que le monde qui l'entoure est organisé autour de règles, ce qui va lui permettre d'accéder à des notions comme la loi, la justice, le bien et le mal…

Le développement de la responsabilité

La prise de conscience de ses propres responsabilités se développe parallèlement au développement de ses fonctions cognitives affectives et intellectuelles. Il faut pour cela être capable de percevoir les relations qui existent entre différents événements et établir ce qui peut être la cause ou la conséquence d'une action ou d'un phénomène.

Le sens moral également s'apprend et se développe. Dans ses premières années, l'enfant ne perçoit les notions de bien et de mal qu'en fonction de lui : ce qui est bien correspond à ce qui lui fait du bien, ce qui est mal à ce qui ne lui en fait pas.

Puis, en réalisant qu'il existe des interdits dont il va tenir compte, plus ou moins facilement d'ailleurs, sa conception va s'élargir à ce qui est autorisé ou non. Faire sciemment ce qui est interdit équivaut à faire quelque chose de mal. Cette prise de conscience est évidemment liée à la façon dont ces limites sont instaurées, mais également au discours tenu par les adultes qui commentent, critiquent ou jugent communément, parfois sans s'en rendre compte, les actions et les propos de l'entourage et de l'enfant en particulier.

Le vol du crocodile

....➤ Nous étions en vacances au bord de la mer. Notre terrasse jouxtait celle d'une famille dont les rires d'un jeune adolescent nous parvenaient incessamment, portés par le chergui, ce vent doux et sec, venu du Sud, auquel je confiais le soin de sécher serviettes et maillots après la baignade... Or en rentrant un soir, je constatai que le polo de mon garçon n'était plus sur le dossier du transat où je l'avais laissé avant la balade. Est-ce pour le crocodile multicolore qu'il arborait, ou parce qu'il s'agissait, selon ses termes, d'un « collector » offert par son parrain, toujours est-il que Léo adorait particulièrement cette petite chemisette de coton. Je partais donc immédiatement à sa recherche, et demandais à l'entourage si personne n'avait aperçu le fameux vêtement.

M'enquérant auprès de mes voisins, il fut aisé de comprendre, à la rougeur naissant sur son visage, que leur fils n'était pas innocent de sa disparition. En insistant un peu, il reconnut qu'il avait enjambé le parapet pour s'emparer du polo, qu'il avait pris pour le sien, disait-il, le vent ayant pu le faire voler jusqu'à notre terrasse.

Il inventa toute une histoire pour justifier sa méprise – malgré le caractère original de cette pièce – et d'avoir jugé bon de « ranger », au fond de son sac, comme si de rien n'était, l'objet de son délit. En dépit de toutes ces invraisemblances, la mère, qui pourtant ne semblait prêter aucun crédit aux propos de son fils, ne trouva rien à redire, s'empressant de le justifier et de l'excuser.

« Écoutez, conclut-elle, mon fils vous dit qu'il l'a pris pour le sien, tout le monde peut se tromper, et puis on vous l'a rendu, l'affaire est close. »

Pour Léo et moi sans aucun doute. Mais qu'en est-il pour le garçon qui ne tire aucune leçon de ce qu'il vient de faire, si ce n'est qu'il peut accaparer le bien d'autrui selon son bon plaisir ? D'autant plus que sa mère le cautionne en ne condamnant aucune de ses transgressions.

Les parents doivent aider l'enfant à se sentir responsable. Une consigne simple consiste à lui permettre d'énoncer ce dont il est responsable à l'origine.

Mentionner les choses, c'est dire ce qui est interdit et en faire prendre conscience à l'enfant. Une bonne façon de le faire peut être d'interroger l'enfant sur ce qu'il a fait ou pas et qu'il puisse l'évoquer à la première personne, en utilisant le « je », c'est-à-dire en disant « *j'ai* fait ou dit ceci ou cela… »

Un enfant aura d'autant plus de facilité à reconnaître ses bêtises et à en parler à ses parents qu'il aura confiance dans la clémence et la justesse de leurs réponses, même s'ils vont le sanctionner. Il est important de lui permettre d'assumer les conséquences de ses actes et de faire ainsi ses premiers pas vers la responsabilisation. L'adage « faute avouée est à moitié pardonnée » est à ce titre une certaine forme d'encouragement.

Trop de parents craignent de culpabiliser leurs enfants, de leur « faire honte » devant témoins et préfèrent prendre sur eux une responsabilité dont ils dépossèdent leurs enfants. Or c'est bien de l'équilibre de ces deux sentiments – culpabilité et responsabilité – que vient la confiance en soi et en l'autre.

Un excès comme un défaut de chaque est préjudiciable. Une absence totale de culpabilité ôte toute responsabilité, quand, à l'inverse, la responsabilité permet de ne pas se sentir excessivement coupable.

La responsabilité n'est pas une valeur innée. C'est une perception qui va se développer tout au long de la vie de l'enfant. Être responsable de ses actes consiste à comprendre les conséquences qu'ils peuvent avoir sur soi et les autres, et du coup anticiper leur impact. Ce qui permettra par la suite de faire les bons choix, ou en tout cas d'agir en connaissance de cause.

▶ CULPABILITÉ ET RESPONSABILITÉ

La culpabilité peut correspondre à une forme particulière du sentiment de responsabilité. Lorsque les actes ou les paroles que l'on a commis sont considérés comme des fautes, des actes ou des mots répréhensibles, il est adapté de s'en sentir coupable.

Mais il sera important de ne pas culpabiliser à outrance un enfant pour ne pas inhiber son sens de l'initiative ou sa confiance en soi. Nous reviendrons dans les chapitres suivants sur le caractère délétère d'un excès de culpabilité. On évitera ainsi de le rendre responsable de choses qui le dépassent. En définitive, lorsqu'un enfant renverse un vase, à qui revient la responsabilité ? Au petit maladroit, ou à celui ou celle qui l'a placé à sa portée ?

Prendre conscience de sa responsabilité inclut aussi le fait de réfléchir aux possibilités que l'on a d'améliorer, de corriger ou de réparer ce que l'on a provoqué afin de mettre alors en œuvre les moyens d'y parvenir. Il faut donc privilégier des sanctions qui permettent à l'enfant de gommer ou de compenser ses erreurs. Être assuré qu'il a le droit à l'erreur et la possibilité de se reprendre encourage l'enfant dans ses initiatives. Cela pondère le sentiment de culpabilité et participe à la restauration de l'estime de soi.

Observé à la terrasse d'un hôtel, un matin de vacances, à l'heure du petit-déjeuner

Un soleil doux joue de ses reflets sur l'eau de la piscine au bord de laquelle une jeune famille s'est installée. Le petit Léon, 4 ans, refuse de mettre sa serviette. Sa mère le lui a mise autour du cou, mais, en tirant discrètement dessus, le garçon l'a fait tomber sur ses genoux. Sa mère, pensant qu'elle l'avait mal attachée, la noue à nouveau. Léon s'en débarrasse aussitôt. Le ton pourrait monter. Le père prend alors le relais. D'une voix ferme, il informe : « Tu ne veux pas mettre ta serviette ? Ok, si tu te sens assez grand pour manger proprement. Mais si une seule goutte de chocolat tombe sur ton tee-shirt neuf, tu la remets aussitôt ! »

Décryptage

Ce qui semble n'être qu'une conduite d'opposition – car Léon est visiblement un garçon au caractère bien trempé – participe également d'une envie d'émancipation, d'un besoin de grandir. Sans forcément le revendiquer, il a bien observé qu'autour de lui les grands ne portent plus de serviette autour du cou ; par imitation et dans un souci de s'affirmer, il refuse de porter ce qu'il associe aux petits.

Pourquoi ne pas l'encourager ? Certes, on peut faire le choix, en s'abstenant d'entrer en conflit avec l'enfant, d'affirmer son autorité et son expérience de parent, se montrant ferme sur le port de la serviette. Il ne fait pas de doute que Léon va s'en mettre partout, et plutôt que de courir le risque de devoir le changer (ou non ! après tout, est-ce vraiment grave si en vacance il va à la plage avec un polo taché !), on peut lui expliquer pourquoi sans transiger.

Mais on peut également jouer la carte de la responsabilisation. Si Léon s'en sent capable, en dépit de la maladresse dont il fait encore preuve, alors, il est possible de soutenir sa démarche, en l'enjoignant de faire attention. Cependant, s'il salit ses vêtements, il ne faudra pas se fâcher et se contenter de replacer sa serviette en lui rappelant qu'on l'avait bien prévenu...

Ce désir de conformité – ni maman, ni papa ne portent de linge à carreaux noué autour du cou ! – est un facteur important de développement tant psychologique qu'affectif.

Imitation et identification

Pendant les premières périodes de son développement, l'enfant s'appuie sur les relations qu'il tisse avec son entourage pour construire son identité, en particulier avec ses parents.

« Je viendrai quand tu seras calmée ! »

« Cela faisait plusieurs fois que je lui répétais qu'il était l'heure d'aller au bain et de ranger ses jouets ! » raconte la maman de Jade, 3 ans. « Un peu excédée, mais bien consciente de mon rôle de mère, j'ai alors élevé le ton, et en m'emportant un peu j'ai lâché : « Bon, maintenant ça suffit, tu poses ça tout de suite et tu viens te baigner !» Croisant les bras avec un petit air d'évidence sentencieux, Jade m'a alors regardée et le plus sérieusement du monde m'a répondu : « Je viendrais quand tu seras calmée !»

Décryptage

Cette réaction, que l'on rencontre dans des circonstances parfois bien différentes, illustre ce qui pourrait être interprété comme de l'insolence, surtout venant de la bouche d'un adolescent. Mais ici, c'est surtout une manifestation du phénomène d'imitation qui participe au développement de l'enfant.

Les parents, premiers modèles d'identification

Deux processus psychiques permettent à l'enfant de grandir et de se développer sur le plan de la personnalité : l'imitation et l'identification. Ils sont indispensables à la bonne édification de l'intelligence, de l'affectivité et de l'identité.

L'imitation correspond à la capacité d'identifier un geste, un acte, une parole ou une inflexion de voix, et de les reproduire. C'est une fonction présente dès le premier âge : à partir d'un an, l'enfant imite les expressions faciales de façon volontaire, après les avoir repérées chez sa mère, puis les gestes. Le langage se construit aussi par imitation. L'imitation différée permet par la suite, en l'absence de celui que l'on copie, de réaliser des choses que l'on sait possibles parce qu'on les a vu faire (avec parfois un risque d'accident lorsque celui qui inspire l'enfant est un superhéros...), de transmettre une idée comme elle nous est communiquée, et aussi de se représenter celui qu'on imite – et de le représenter aux autres – même s'il fait défaut. Cela concerne donc les héros de bandes dessinées, les personnages réels ou imaginaires, les défunts regrettés, les idoles adorées – mais avant tout les parents.

L'identification est un processus psychique plus profond, car il ne concerne pas seulement les actes ou les paroles mais aussi les sentiments exprimés ou supposés, les allures singulières, les qualités reconnues, les moindres défauts – toutes les facultés – que l'enfant va intégrer comme autant d'éléments identitaires pour les faire siennes et forger sa propre identité.

Pour l'enfant, il s'agit moins de se rendre identique que de trouver dans ceux qui lui servent de repères des éléments constitutionnels comme support d'identification. En cela, l'identification est fondamentale dans le développement de l'identité globale de l'individu.

La personnalité de l'enfant se construit à partir de ces modèles, en symétrie ou en opposition, toujours en interaction avec des éléments propres à l'enfant lui-même : son caractère, son imagination, sa sensibilité… Ainsi, un enfant au tempérament fougueux peut avoir tendance à refréner ses mouvements d'humeur et à se façonner un caractère plus modéré s'il prend comme modèle identificatoire un parent calme et mesuré ; inversement, un enfant laissera d'autant plus exploser ses émotions qu'il grandira dans le sillage d'adultes impétueux. Plusieurs archétypes se mêlent et interagissent, ce processus se poursuivant à l'âge adulte. Les identifications plus récentes remanient les assimilations antérieures, qui nuancent elles aussi les apports récents.

Le père et la mère occupent une place privilégiée au sein de ces modèles, et les commentaires des proches renforcent activement ce phénomène. « Elle a les attitudes de son père… », « Quel caractère ! On sait de qui il tient ! » sont autant d'expressions qui circulent dans l'entourage de l'enfant, viennent confirmer ses assimilations inconscientes. Mais d'autres sujets d'identification interviennent, figures réelles ou imaginaires, admirées, craintes ou conspuées (le grand-père héros de la Résistance, le gangster qui a fait trembler la France des années 70 et ou la vieille tante acariâtre, mais riche comme Crésus…).

La question de l'exemplarité n'est donc ni naïve ni superflue. Nos petits manquements aux règles sociales qui parfois nous ennuient, mais dont nos enfants sont témoins, peuvent influencer leur façon d'accepter celles que nous voudrions leur imposer.

> « Dis papa, tu viens de griller le feu rouge ! » s'exclame Thibault, craignant que son père se fasse arrêter par la police.
>
> Le père peut reconnaître sa faute : « Tu as raison mon fils, je n'ai pas fait attention ; heureusement, nous n'avons pas eu d'accident… »

Il peut aussi nier et discuter : « Mais pas du tout ! Je l'ai bien vu vert ! De toute façon, il ne sert à rien, il n'y a jamais de voitures à ce croisement ! »

L'enfant, confronté à la répétition de ce type de réaction, peut, par mimétisme, adopter le principe que toute loi peut être relativisée selon son bon vouloir. Mais c'est aussi à l'encontre de ce même parent que pourra se manifester cette opposition.

Avant de corriger et de punir, il faut pouvoir donner l'exemple. Certes, il ne s'agit pas d'être parfait, mais d'être soi-même capable devant ses enfants de reconnaître ses erreurs, de s'excuser et de réparer ses fautes.

À ce titre, les châtiments corporels aussi peuvent être pris en exemple. Il n'est pas acceptable qu'un grand frère corrige son cadet. Marc, à qui l'on demande pourquoi il a frappé son frère, répond que ce dernier lui a cassé son jouet, justifiant son acte ainsi. Or il n'est pas étonnant qu'il considère qu'il a le droit de punir son frère, s'il est lui-même sanctionné de la sorte par ses parents.

M. et Mme C. consultent pour leur fils Maxence, après avoir découvert qu'il se faisait maltraiter par la nourrice. Ils lui ont bien expliqué que c'était interdit, que la nourrice n'avait pas le droit de le taper, qu'elle avait été renvoyée, et qu'ils envisageaient de déposer une plainte au commissariat. Mais ils sont inquiets à l'idée que leur fils ait été traumatisé parce qu'il a vécu, d'autant qu'ils ont été surpris par une de ses récentes réactions. La mère de Maxence m'explique en effet qu'il y a peu de temps, son père lui a tiré l'oreille, à la suite d'une bêtise et que leur fils a dit qu'il allait en parler à la police ! C'est tout de même étonnant qu'il nous mette sur le même plan que cette nourrice ! » s'est-elle alarmée.

Décryptage

Il est important effectivement de porter plainte, ne serait-ce que pour éviter que d'autres enfants ne soient victimes de cette assistante maternelle. Parallèlement, la réaction de l'enfant est loin d'être illogique. Que condamne-t-on, au juste ? Le geste, quelle que soit l'intention qui en est à l'origine, ou seulement la personne, ce qui laisserait supposer que certains ont le droit de commettre ce pour quoi d'autres seront condamnés...

Passé le bouleversement d'être assimilés à la nourrice maltraitante, ces parents se sont résolus à ne plus avoir sur leurs enfants aucun geste de violence quels qu'ils soient.

Adopter un comportement positif

Si l'on veut intégrer dans nos principes éducatifs de base le fait d'encourager les comportements souhaités, il est important que les outils que l'on utilise pour ce faire respectent eux-mêmes ce principe, c'est-à-dire qu'ils consistent eux aussi en des comportements positifs.

Or le comportement souhaité a des conséquences positives, indépendamment des récompenses qui peuvent lui être allouées ; elles sont gratifiantes pour l'enfant, et donc l'encouragent à faire de nouveau et préférentiellement le choix de ces comportements.

À l'inverse, la punition peut être utilisée pour dissuader un comportement que l'on ne souhaite pas. Mais dans ce cas, les conséquences ne sont pas agréables, elles n'encouragent donc pas à la répétition des mêmes attitudes, et la réponse de l'enfant peut être aléatoire. D'autant plus que la punition, qui est intégrée comme une réponse négative, mais tout de même utilisée par le parent, souligne l'ambivalence des choix que fait l'adulte.

La bonne éducation, ça s'apprend

Une autre étape dans l'éducation des enfants passe par l'apprentissage des règles de conduite et de politesse. La plupart de ces principes correspondent à un ensemble d'usages et de codes relatifs qui n'ont de valeur que par rapport à des habitudes, des traditions culturelles. Elles ne vont pas de soi, elles ne répondent pas à une logique autre que conventionnelle et sociale et ne peuvent donc qu'être apprises.

Les « mercis », les « s'il vous plaît » sont des formules de politesse qui n'ont pas de sens pour les plus jeunes enfants. Il convient donc de leur apprendre leur utilisation, sans se montrer trop strict sur leur emploi. Si l'on est désireux qu'un enfant utilise ces codes de savoir-vivre et ces formules qui n'ont de sens en soi que dans un registre relationnel conventionnel, il est important, en se souvenant que l'imitation est un vecteur essentiel de l'éducation, de les utiliser soi-même, en présence de l'enfant et de son entourage.

La bienséance à table est un bon exemple de ce que l'on peut progressivement attendre d'un enfant. Il ne pourra savoir qu'il faut manger la bouche fermée avant qu'on ne le lui ait appris. Pour autant, selon l'âge de l'enfant, ses besoins et son stade de développement affectif, il ne pourra pas retenir immédiatement la leçon, ni la mettre en application.

Par ailleurs, on ne pourra exiger la même attitude d'un enfant de 3 ans et d'un autre de 6. L'installation à table, à proprement parler, n'a pas vraiment de sens avant qu'un enfant ait 2 ans. Trop petit pour se tenir à hauteur de la table, de nombreux aménagements seraient nécessaires : installer des coussins pour le rehausser, le bloquer contre le bord pour lui éviter de glisser…

On peut remarquer que sur le plan de son développement, sur le plan psychomoteur, le jeune enfant devra apprendre à tenir sa fourchette avant d'apprendre à se tenir à table ; sur le plan affectif et intellectuel, il lui sera d'autant plus difficile de rester à table qu'il ne trouve aucune source d'intérêt dans les conversations des plus grands, et que ses capacités d'attention sont limitées. Le repas peut vite se transformer en un calvaire, et, pour se distraire, l'enfant risque de multiplier des comportements provoquant l'ire de ses parents. Plutôt que de répondre par des punitions, pourquoi ne pas abréger les temps de repas ou les différencier : celui des enfants, puis celui des parents ?

Les règles que l'on peut apprendre aux enfants et les limites qu'on veut leur imposer vont donc changer en fonction de l'évolution même de ces derniers.

Les limites ne doivent pas être soulignées uniquement lorsqu'elles sont transgressées (ce que se contentent de faire les punitions en général, les fessées en particulier), mais énoncées au fur et à mesure que l'enfant s'y trouve confronté.

QUELQUES SITUATIONS SPÉCIFIQUES

L'opposition que les enfants manifestent à leurs parents est un motif fréquent de conflits et de sanctions. Vécue comme une remise en question de l'autorité parentale, elle peut se manifester à tout âge, mais rencontre cependant deux pics de fréquence particuliers : au cours de la période d'opposition de l'enfant (de 18 à 36 mois), et à l'adolescence. Or, prendre en compte les processus affectifs en jeu dans le développement psychologique de l'enfant, au cours de ces périodes, pourra orienter vers des réponses plus adaptées que des sanctions arbitraires.

L'âge du « non » (18-36 mois)

On évitera bien des punitions inutiles en comprenant que le « non », si fréquent dans la bouche du jeune enfant n'a pas pour seule fonction de s'opposer et de contrarier les adultes. En découvrant la signification du terme et la force qu'il possède sur ses parents, l'enfant trouve par le biais de cette résistance systématique le moyen d'affirmer sa personnalité et de développer son sentiment d'être un individu à part entière. Cette période est généralement suivie par celle du « moi tout seul », mieux supportée par les parents, bien qu'elle puisse occasionner quelques moments d'agacement dans des situations où l'urgence et le manque de temps n'autorisent pas l'adulte à attendre que l'enfant parvienne à réaliser ce que son développement moteur ne lui permet pas encore.

L'âge du collège et du lycée

C'est le temps des copains et celui des transgressions sociales. Avec un adolescent, les sanctions s'avèrent parfois indispensables. Dans ses comportements, l'adolescent peut chercher à se placer au-dessus des lois, parce qu'elles ne lui conviennent pas, mais surtout parce qu'elles sont dictées par ses parents. Et, comme pour aider à la justification de ses réactions, il développe une réflexion sur le bien-fondé de certaines obligations qui, après tout, ne semblent plus aller de soi. Des difficultés particulières surviennent parfois au collège qui encouragent les parents à sanctionner leurs enfants en s'inspirant de ce qui se fait à l'école.

La mère de Paola, par exemple, n'hésite pas à exiger de sa fille qu'elle copie un certain nombre de fois les consignes qu'elle ne respecte pas ou les règles qu'elle transgresse. Les « je ne dois pas faire ceci ou cela » alternent avec des exercices de mathématiques supplémentaires, avec l'idée, qu'« au moins, ça lui servira à quelque chose, ce n'est pas du temps perdu ! »

▶ LES DEVOIRS NE SONT PAS DES PUNITIONS

Les devoirs, qui amputent déjà une partie du temps libre, suscitent une aversion complète s'ils suppriment à des fins punitives les moments consacrés à jouer ou se détendre. En donnant une dimension négative à ces activités qui ont pour fonction initiale d'aider l'élève à apprendre, à retenir ses leçons, à s'entraîner, à réfléchir ou à s'exercer, on porte involontairement atteinte à sa scolarité.

▶ COMMENT PUNIR UN ADO ?

Les sanctions doivent suivre les mêmes règles qu'avec les enfants plus jeunes. Elles porteront sur ce qui plaît à l'adolescent, car pour être marquantes, elles doivent le concerner directement, c'est-à-dire, correspondre à ce qui le touche : il peut être privé de sa série télévisée préférée, de console de jeux ou de sortie, mais il demeure fondamental de ne jamais toucher aux besoins élémentaires (alimentation, activités sportives ou artistiques...) en cette période où le développement physique et affectif est primordial.

De même, elles doivent absolument éviter de porter sur tout ce qui touche au corps et à l'estime de soi, ces aspects étant particulièrement sensibles. Ainsi, les châtiments corporels et les humiliations sont formellement à proscrire. D'autant que l'adolescent à qui vous donnez une gifle pourrait être tenté de vous la rendre.

Les punitions doivent avoir été définies à l'avance, en relation avec ce qu'elles doivent sanctionner. L'adolescent n'aime pas être pris « en traître » et risquerait de vous le reprocher. Des discussions régulières sont donc nécessaires. Elles ne doivent pas pour autant se transformer en négociations interminables et devenir une source de remise en question. Les choses se définissent une fois pour toutes, même s'il demeure indispensable de les répéter régulièrement. De la même façon, si la menace de la punition est formulée, il est important de la mettre en exécution lorsque l'adolescent persiste dans ses bêtises, quitte à lever la punition ensuite, si elle s'avère excessive, ou si l'adolescent répare sa bêtise ou s'excuse. **Enfin, une sanction efficace est forcément circonscrite dans le temps. On ne punit pas « à vie ».**

Se faire comprendre par son ado, c'est aussi le comprendre, lui

Si l'on veut que les remarques formulées à nos enfants portent leurs fruits, il faut avant tout qu'elles soient écoutées, entendues, puis acceptées pour favoriser une remise en question. Inutile de punir un adolescent, au prétexte qu'il ne vous obéit pas, si vous n'avez pas l'assurance que **ces trois conditions**, a priori évidentes, sont bien réunies.

Pour qu'il vous entende, **il faut que vous vous adressiez à lui, et à lui seul**. Évitez de le sermonner à table, devant toute la famille, ou en allant le récupérer à son entraînement de rugby, devant ses copains. Choisissez un moment où il est disponible. Si la télé est allumée ou qu'un jeu vidéo accapare son attention, attendez un autre moment – ou éteignez-les ! –

Pour avoir l'assurance qu'il vous écoute (c'est-à-dire qu'il vous entende volontairement) et qu'il pourra se remettre en question, **évitez les critiques formulées directement à son**

encontre. Ce qui est en jeu, ce n'est pas ce qu'il est ou n'est pas – il n'y peut rien – mais, ce qu'il fait ou non, en bien ou en mal... Une critique constructive portera sur la situation et permettra d'analyser ce qui fonctionne et ce qui « cloche », afin d'élaborer des solutions. N'hésitez pas à parler de vous, non comme d'un modèle à suivre, mais comme sujet d'une expérience, heureuse ou non, parmi d'autres.

N'oubliez pas cependant que l'expérience ne se transmet pas, elle se vit. **D'où l'idée de privilégier les encouragements, lorsqu'ils portent sur des actions positives,** plutôt que des interdits qui inciteront davantage à la transgression.

Le quotidien confronte l'adolescent à un certain nombre de situations où ce qu'on lui impose comme règles se trouve transgressé par les adultes ou dénié par la société et les médias.

Il regarde des films qui font l'apologie de la violence, voit aux informations des scènes où les droits de l'homme sont bafoués, achète parfois des jeux vidéo dont le but est de commettre un maximum de crimes (vols, meurtres, assassinats de représentants de l'ordre...), et la télévision n'est pas en reste d'émissions où les individus sont humiliés sous le regard (et parfois l'assentiment) du plus grand nombre... Ces constats, auxquels s'ajoute le développement de son esprit d'autonomie, peuvent faire le lit de conflits avec ses parents. Pour autant, doit-on systématiquement interdire tous les écrans ?

▶ DEVOIRS VS JEUX VIDÉO

Un motif récurrent de discussions avec les adolescents est l'utilisation des consoles de jeux et le temps qu'elles dévorent au détriment des devoirs. Cela mérite une réflexion nuancée.

La spirale descendante des mauvaises notes n'est pas à considérer uniquement comme la conséquence d'un temps excessif passé devant les écrans par les jeunes accros aux jeux vidéo ; elle en est aussi la cause, partiellement. **Les mauvaises notes découragent l'apprentissage :**

plus on en a, moins on a envie d'apprendre et de réviser. Le sentiment de ne pas y arriver n'est pas un facteur qui encourage à s'y mettre. Or moins on s'exerce, moins on apprend et moins on a de chance d'avoir de bonnes notes et de se sentir à la hauteur. Les punitions, les remontrances et autres critiques ne peuvent que détériorer ce terrain déjà miné par le sentiment de n'arriver à rien.

Les jeux vidéo représentent alors une bonne échappatoire en constituant une source de plaisir et de réassurance : les mondes virtuels éloignent du quotidien et permettent de quitter la réalité morne de l'adolescence ; les combats contre des pairs donnent l'occasion de s'évaluer sur un terrain où l'on réussit enfin… et il devient difficile de résister à leur appel. Il ne sera donc pas judicieux d'être totalement opposé à leur utilisation. D'autant qu'ils constituent une source d'identification et qu'ils participent ainsi à l'élaboration d'une culture adolescente dans laquelle beaucoup se retrouvent. En priver totalement un adolescent contribue à le couper de nombre de ses pairs qui trouvent là un terrain d'échanges.

Il s'agira donc plutôt de trouver un compromis en définissant ensemble le temps qu'il paraît raisonnable d'accorder à ce passe-temps en fonction de la quantité de devoirs, des résultats (on récompensera volontiers des bonnes notes par une augmentation concédée le week-end), des périodes de l'année ou des fins de semaine…

Conseil « DRH » pour adolescents, ou Directives pour des relations harmonieuses

····➤ Nathalie P. est directrice des Ressources humaines dans un grand groupe financier. Elle est également la mère de Clémentine, belle adolescente de 14 ans qu'elle élève seule depuis son divorce et l'installation du père à l'étranger. Afin d'en finir avec les difficultés relationnelles qui émaillaient leur quotidien, pour des raisons de désobéissance et de manque de respect, elle a mis en place avec sa fille le principe des zones de droit.

« L'idée était de hiérarchiser, un mot que je connais bien, mes exigences et ses attentes. Nous avons ciblé dix principes fondamentaux sur lesquels je n'accepterais pas de transiger. Ils ont constitué une « zone rouge ».

Nous avons envisagé une dizaine de questions sur lesquelles nous pourrions réfléchir au cas par cas, entrant dans la « zone orange », celle des compromis possibles.

Enfin, nous avons institué dix situations nouvelles, qui lui étaient interdites auparavant ou qui ne se justifiaient pas lorsqu'elle était enfant, mais qu'elle remettait aujourd'hui en question : la « zone verte ». Par exemple, elle a dorénavant le droit de sortir seule et plus tardivement le week-end, mais avec l'obligation de me prévenir au moindre contretemps. J'ai dû, pour cela, céder sur le téléphone portable, mais elle gère sa consommation avec son argent de poche. Sur sa coiffure et ses vêtements, ça reste compliqué : elle teste régulièrement mes capacités de tolérance. Concernant le tatouage qu'elle réclame périodiquement, pour l'instant je tiens bon. Je lui ai dit qu'elle demandera l'autorisation à son père. Comme il n'est jamais là... »

Ces nouvelles consignes seront à préciser et à reprendre (comme on le fait avec un enfant de deux ou trois ans) si l'on veut être obéi. La répétition nécessaire de ce que l'on édicte doit être acceptée par le parent, qui s'irrite parfois de devoir le faire. On doit comprendre qu'il s'agit d'une corvée incontournable, car elle est la base de tout apprentissage et de toute éducation.

Punition et équité au sein de la fratrie

Le principe d'équité doit s'appliquer aux punitions utilisées dans une même fratrie. Ce qui est valable pour un enfant doit l'être pour un autre : ce qui sera sanctionné pour l'un devra aussi l'être pour l'autre. Il y a bien sûr des nuances à apporter en termes de limites, puisque chaque enfant est différent, et peut avoir, en fonction de son âge, de sa sensibilité ou de ses goûts, des besoins différents. Or, il ne faut pas confondre les limites définies en fonction des possibilités et du développement de chacun et les règles qui, elles, sont valables pour tous.

Que votre aînée de 17 ans soit autorisée à se coucher tard, car elle a toujours des devoirs à finir (ou quelques copines à contacter sur Internet…), ne justifie pas que la benjamine (de 6 ans), qui a besoin de plus d'heures de sommeil, se couche à la même heure : elle bénéficiera de cet avantage quand elle en aura l'âge. Inversement, on n'imposera pas à l'aînée une règle qui ne lui correspond pas, uniquement justifiée pour la cadette. En revanche, que la « petite » soit plus « câline » que l'autre ne doit pas la protéger des sanctions sous le prétexte qu'elle est plus « sensible » que sa grande sœur, quand elle est responsable de bêtises pour lesquelles on aurait sanctionné l'aînée sans hésiter !

À chacun selon ses besoins, mais toujours sans faire de « préférences ». L'impartialité, l'équité ne sont pas toujours des règles faciles à appliquer par les parents, qui peuvent être tentés d'offrir les mêmes cadeaux à des enfants ayant des goûts et des envies très différents.

Une illustration de ces différences et de ces conséquences au quotidien se retrouve dans ce qu'on pourrait appeler les « jeux parallèles ». Car selon leur âge, les frères ne peuvent pas toujours jouer ensemble.

Jonas et les toupies de combat

À deux ans et demi, Jonas en est encore au stade où les jeux tirent leur intérêt de leur potentiel sensori-moteur : ce qu'il aime dans les toupies, c'est les lancers, les voir tourner et les arrêter avant qu'elles ne ralentissent et perdent tristement l'équilibre. Il n'a pas intégré la règle du jeu qui amuse ses grands frères : qu'elles s'entrechoquent pour voir laquelle gagne le tournoi. Chacun joue en fait à son propre jeu, sur un terrain commun, mais avec des règles et des intérêts différents. D'où les conflits qui surgissent régulièrement du fait de ce malentendu.

C'est un vrai dilemme pour le père, qui punit à contrecœur le petit perturbateur à la demande expresse de ses frères, au prétexte qu'il ne fait rien que les embêter !.. « Il est difficile de lui interdire de jouer », dit son père, il a lui aussi ses toupies avec lesquelles il a envie de s'amuser. Il est impossible de lui imposer une règle qu'il ne peut pas comprendre. J'ai beau me fâcher et menacer de lui interdire de jouer, Jonas continue de stopper les toupies en plein tournoiement avant la fin du jeu. »

La sanction sera partielle. Les enfants pourront jouer en parallèle, c'est-à-dire accepter que chacun d'eux joue avec ses propres règles en respectant le jeu de l'autre (on ne touche pas à sa toupie), mais sur le même tapis.

Décryptage

Le père de Jonas a du mal à comprendre que son fils ne respecte pas la règle du jeu (laisser les toupies tourner jusqu'au bout et s'entrechoquer : la dernière qui reste debout est la gagnante) alors qu'il est à un âge où il commence à comprendre qu'il faut respecter les règles de vie. La nuance vient de la nature des règles que l'enfant commence aussi à intégrer.

Même si Jonas comprend la nécessité de suivre les règles, il a surtout intégré que le principe du jeu c'est de « s'amuser ». Or à son âge, où le plaisir sensori-moteur prime sur la stratégie, il est bien plus amusant d'agir sur les objets (les arrêter, provoquer leur mouvement) que de les laisser s'entrechoquer pour voir laquelle gagne !

Le respect des règles importe plus dans les jeux de société que dans d'autres activités ludiques.

····➤ Plutôt que de punir systématiquement, Élisabeth a opté pour une stratégie « participative ». Lorsqu'éclate immanquablement un conflit entre le frère et la sœur, la première étape est la mise à distance et le temps mort.

« Je ne veux pas savoir qui a commencé », répond-elle régulièrement lorsque Manon se défend de l'accusation de son frère. « C'est interdit de se taper, même si l'on croit avoir raison de le faire. Donc chacun va dans un coin de la pièce, et quand vous serez calmés, on pourra discuter ».

Puis vient le temps de l'analyse (enfantine) de la situation :

- Tu m'as pris mon camion !

- Oui, mais tu ne jouais pas avec...

- Peut-être, mais toi, tu ne veux jamais me prêter tes jouets...

Avant que n'éclate une nouvelle altercation, Élisabeth leur propose de trouver eux-mêmes une solution :

Élisabeth :

- Mathias, veux-tu vraiment jouer avec ton camion ?

Mathias :

- Non...

Élisabeth :

- Tu peux donc le prêter à ta sœur...

Mathias :

- Oui, mais...

Élisabeth

- Et si tu veux qu'elle te prête quelque chose, demande-lui !

Manon :

- Je veux bien te le passer, mais si tu y fais attention ! ⬅····

En grandissant, l'enfant apprend à faire la différence entre plusieurs niveaux de règles. Les règles des jeux sont les plus relatives. Elles peuvent changer d'un jeu à l'autre et même d'une version à l'autre au sein d'un jeu identique. Le jeu autorise également la possibilité de « tricher », c'est-à-dire de transgresser la règle pour le plaisir de gagner, sans que les conséquences en soient dramatiques. Les règles de vie, si elles ne tolèrent pas la transgression, restent cependant influencées par le milieu dans lequel elles ont cours. Elles présentent donc elles aussi une certaine relativité. Il est nécessaire de lever le doigt pour parler en classe, mais pas à la maison. Et quand papa est pressé, il lui arrive de ne pas ralentir au feu orange…

5

QUE PUNIT-ON ? DÉFINIR CE QUI EST PUNISSABLE

La punition se présente comme une réponse à une situation (une attitude, des comportements ou des actes, des paroles…) qui va à l'encontre de ce que l'adulte responsable de l'enfant attend de lui. Ce rappel important permet d'énoncer un premier point : la punition ne s'impose pas d'emblée. Il est indispensable de le souligner, car elle ne peut exister par elle-même, au risque de s'inscrire dans un modèle de fonctionnement régi par la toute-puissance de l'adulte. Ainsi, on ne punira pas « à l'avance » ou à des fins de prévention.

De ce fait, il s'établit entre la punition et l'acte qu'elle sanctionne un lien particulier par lequel chacun définit l'autre. Sanctionner un acte confirme qu'il s'agit bien d'une bêtise, de même que négliger une transgression peut en nier le caractère fautif et en favoriser la répétition.

AU FAIT, QU'EST-CE QU'UNE BÊTISE ?

On pourrait se poser la question : pleurs ou cris doivent-ils être sanctionnés, signifiant par là qu'il s'agit de bêtises ? Et doit-on systématiquement punir une bêtise ou existe-t-il d'autres moyens pour éviter leur récidive ? Finalement, qu'est-ce qu'une bêtise ?
La question peut sembler naïve, mais il semble nécessaire de distinguer l'erreur de la maladresse, la faute involontaire du délit savamment prémédité…
Un second point est soulevé par la définition évoquée précédemment : cette situation qui va à l'encontre de ce que l'adulte ou le parent attend de l'enfant (comme dans le cas des pleurs, par exemple), en quoi est-elle punissable ?

« Bon ! Cette fois, tu es allé trop loin ! Tu es puni ! »

····➤ La semonce est partie sans prévenir. Cela faisait quelques minutes que Charles, 4 ans, essayait d'attraper un jouet posé sur la table, hors de sa portée. Mathilde, sa mère, s'était un peu irritée de son agitation sans bien en saisir l'origine ; elle avait poursuivi ses activités. Après avoir cherché en vain à rapprocher le jouet à l'aide du bras de sa grue, l'idée a germé dans l'esprit de Charles de l'attirer vers lui en… tirant sur la nappe ! Ce qui devait arriver s'est produit : avant même de tenir le jouet dans ses mains, le vase et les fleurs qu'il contient ont valsé sur le plancher, provoquant les foudres de sa mère.

Décryptage

Il y a fort à parier que le petit Charles est le premier à s'étonner et à s'en vouloir de ce qui vient d'arriver. Mais l'avait-il envisagé ? Tout à son jouet et à l'obsession de le récupérer, il n'a pas compris que tous les autres objets sur la table seraient affectés par le déplacement de la nappe.

Cette « bêtise » procède du désir de combler une envie (jouer avec ce qui se dérobe à son emprise), associé à la frustration de ne pas y arriver ; il s'y ajoute un défaut d'anticipation des conséquences que peut avoir l'action initiale (tirer sur la nappe), lié au manque d'expérience (qui, elle, est le fruit de la répétition de situations similaires).

Comment juger une bêtise ? Par ses conséquences immédiates : le vase brisé, le plancher inondé… ? Ou par ses répercussions : la contrariété de la mère, très attachée au seul bien hérité de son arrière-grand-mère adorée, et furieuse de devoir nettoyer les dégâts ? Pour quelle raison doit-elle être condamnée ? Parce que c'est une bêtise, et que l'enfant doit en prendre conscience ? Pour en éviter la récidive ? Pour éviter à l'enfant de porter la culpabilité de son acte ou pour décharger le parent d'un trop-plein émotionnel ?.. Doit-elle d'ailleurs absolument être sanctionnée ?

Passé le moment de colère, sous le regard penaud de Charles qui porte dans ses bras mouillés les fleurs de sa maladresse, Mathilde se sent bien embêtée. Après tout, ce vase était très laid et elle ne savait pas comment s'en débarrasser… Le souci, c'est qu'il faut bien trouver une sanction, maintenant qu'elle l'a annoncée !

Il serait vain de chercher à établir une liste exhaustive des bêtises que peut faire un enfant. L'imagination à cet égard semble illimitée…

En revanche, on peut constater que les bêtises se rangent dans plusieurs catégories. La première correspond à la place qu'elles occupent dans la séquence des événements qui constituent les comportements indésirables.

Petit inventaire, à la Prévert, des bêtises

- Tirer la queue du chat (et se faire griffer en retour par le félin en furie).
- Glisser ses doigts dans une prise électrique.
- Jeter des objets par la fenêtre (et accessoirement sur les passants).
- Mettre le feu à son matelas.
- Goûter à des matières toxiques ou fumer des herbes interdites.
- Plonger dans l'eau sans savoir nager.
- Voler dans les magasins.
- Salir ses vêtements ou les déchirer.
- Souiller (involontairement ?) les sièges de la voiture de papa avec des chaussures couvertes de boue.
- Crever les pneus du prof qui nous a collé injustement.
- Lancer des pierres sur les fenêtres d'une maison qu'on croyait abandonnée.
- Se battre avec ses camarades de classe ou mordre la petite copine de la crèche.
- Rentrer trop tard et omettre de prévenir.
- Traverser la rue sans regarder ou bousculer une grand-mère en marchant sans tenir compte de sa présence.
- Courir sur un sol glissant…
- Sans parler de toutes ces choses auxquelles les parents tenaient, détériorées, détruites ou perdues, ni des oublis divers.
- Oublier de fermer le robinet, la porte, la lumière, ou sa bouche en mangeant…
- Oublier ses devoirs, son cahier de correspondance, ou de retransmettre à l'un des parents ce que l'autre lui a confié…

…

Il y a bêtises et bêtises

Ainsi, on distinguera les bêtises primaires qui existent par elle-même – un vase que l'on casse, une insulte que l'on profère – des bêtises secondaires, conséquences d'une action première, comme un mensonge que l'on formule pour dissimuler autre chose, ou la mort du poisson rouge suite aux oublis répétés de le nourrir.

Cette différenciation des bêtises ne présage en rien des mécanismes en jeu dans leur réalisation, ni des intentions ou des mobiles à l'origine du comportement. Ainsi, on peut distinguer ce qui peut être attribué à des maladresses (bris d'objet, salissures ou dégradations…) plus ou moins involontaires d'autres actions plus intentionnelles. Or ces dernières, dans le même temps, peuvent faire l'objet d'une évaluation en fonction de ce qui a pu motiver ces actions préméditées.

Car, loin des idées reçues à ce sujet, faire des bêtises n'est pas l'apanage des enfants « bêtes » ni des plus méchants. Au contraire, cela correspond pour un certain nombre à un besoin d'expérimentation, de découverte, qui plaide plutôt en faveur d'un esprit vif et entreprenant.

Or, comme on l'a évoqué au chapitre précédent, réaliser des expériences, même si elles ne sont pas toujours heureuses, est fondamental pour le développement des enfants tant sur un plan moteur que cognitif. C'est ce qu'on pourrait appeler l'expérimentation.

UNE QUESTION DE DÉVELOPPEMENT COGNITIF

Le développement des capacités globales de l'enfant (fonctions cognitives : intelligence, logique, mémorisation… – fonctions motrices : habileté, tonicité… – ou affectives : empathie, tolérance à la frustration, patience, esprit de partage, gestion des émotions…) est lié au bagage neurologique et physique avec lequel l'enfant vient au monde, mais également à l'utilisation de ces outils permise et encouragée par l'éducation.

Explorer le monde

L'expérience que l'enfant acquiert par l'usage de ces fonctions et le maniement des objets mis à sa disposition contribuent à améliorer ses capacités et à potentialiser leur développement. Cela souligne l'importance d'une stimulation précoce et permanente dès le plus jeune âge, et tout au long de la vie, a fortiori lorsque la croissance neurologique atteint son niveau d'équilibre.

> ····➤ Lorsque j'ai fait la connaissance de Tom, on le présentait comme un enfant violent, agressif avec les autres enfants et plutôt têtu puisque toutes les punitions qu'on lui infligeait ne parvenaient pas à le faire changer...
>
> Ce sauvageon des bacs à sable, pourtant, venait seulement d'avoir cinq ans. Il terminait son année de maternelle et, sur les conseils d'une amie, sa mère s'était décidée à consulter un pédopsychiatre. Jusqu'alors, elle s'était bornée à subir les remarques de l'enseignante qui lui égrenait chaque jour la liste des bêtises par lesquelles son rejeton s'était fait remarquer et les punitions qu'il avait méritées. Pas un jour, effectivement, sans qu'il ne pousse un camarade dans la cour de récréation, ne lui arrache sa patinette pour en faire à sa place ou ne s'empare de l'objet dont son voisin de classe était en train de se servir...
>
> Pourtant, je ne retrouvais nul élément d'agressivité ou d'hyperactivité à l'examen clinique de cet enfant, mais, en revanche, un retard de langage et des troubles de la communication que confirma le bilan orthophonique.
>
> Un second bilan, psychomoteur celui-là, mit en évidence des troubles de l'ajustement et de la motricité, d'autant plus remarquables que son développement physique le faisait aisément passer pour un enfant de 6 ans. D'où les malentendus entre cet enfant, incapable

d'exprimer ses désirs et de développer des relations avec ses petits camarades, et son entourage qui attendait de lui les réactions d'un enfant plus raisonnable... Tom n'avait pour se faire comprendre, entrer en contact avec ses camarades ou jouer, pas d'autres moyens que de se montrer offensif.

Dans un premier temps les sollicitations viennent essentiellement de l'entourage ; très vite, cependant, l'enfant va être désireux de faire lui-même ses propres expériences. Plus il prend conscience de ses nouvelles potentialités, et confiance en elles, plus il désire les expérimenter, à l'image du nourrisson qui dès ses premiers pas se lance dans l'exploration d'une pièce entière.

Gare aux prises de courant, aux objets qui traînent et autres pièges du domicile ! Le chapitre précédent a montré le rôle de l'imitation et de l'identification aux parents dans les processus d'émancipation.

Comment réagir quand l'enfant désireux de bien faire, ou de faire comme papa ou maman, commet l'irréparable ? Comme Aliénor qui coupe les cheveux de sa petite sœur, lassée de le faire à la poupée dont les attributs capillaires, malheureusement, ne repoussent pas ; ou comme Ruben qui, pour réparer le lecteur DVD du salon, décide de le démonter…

Transgression ou expérimentation

Il est nécessaire de distinguer la transgression et l'expérimentation. La première consiste à faire quelque chose en ayant bien conscience que c'est interdit. Ce qui ne va pas toujours de soi : lorsque les limites n'ont jamais été énoncées comme telles, il n'y a aucune raison que l'enfant se pose la question, a fortiori si cela correspond à quelque chose dont il a très envie. Parfois, certains interdits peuvent sembler évidents pour l'adulte alors qu'ils ne le sont pas pour l'enfant, surtout si ces derniers n'ont pas été clairement exposés.

L'exemple de Kevin est très instructif à cet égard. Anne, sa mère, déplore qu'il enchaîne bêtise sur bêtise et qu'il ne se passe pas un instant sans qu'il fasse quelque chose d'interdit.

Elle précise même : « je me demande où il va chercher tout ça », laissant entendre combien elle-même a du mal à anticiper les comportements inadaptés que son fils est susceptible d'avoir.

Décryptage
De fait, l'interdit n'est jamais formulé qu'une fois les actes réalisés. Tout se passe donc comme si Kevin avait besoin de faire des bêtises pour obtenir de ses parents la confirmation qu'elles en sont réellement. Les limites de son éducation ne sont tracées qu'ainsi, a posteriori.

Beaucoup de parents s'interrogent cependant sur le bien-fondé d'interdire quelque chose à l'enfant alors qu'il n'y a peut-être même pas pensé, craignant de suggérer à l'enfant de réaliser une bêtise à laquelle il n'aurait sans doute jamais songé si elle n'avait pas été évoquée. Cela souligne qu'il est moins nécessaire d'interdire que d'autoriser : c'est en définissant l'espace de ce qui est permis que se dressent les limites de ce qui est défendu, sans qu'il y ait un quelconque risque d'induire ce que l'on redoute.

Le jeune enfant peut également ne pas se souvenir d'un interdit déjà édicté, ou tester si ce qui est défendu ici l'est aussi dans un autre lieu ou à un autre moment. Aussi sera-t-il nécessaire de répéter les choses, sans s'offusquer d'avoir à le faire. L'apprentissage des règles (comme tout ce que l'on apprend) passe par la répétition. Qui peut retenir une leçon en ne la lisant qu'une seule fois ?

Les pipis au lit illustrent ces situations particulières où il est à la fois question du développement psychique et physiologique de l'enfant et de ses conséquences plus ou moins acceptables lorsque cet apprentissage de la propreté ne se fait pas assez rapidement. La « bonne volonté » de l'enfant se trouve alors remise en question.

> Jordy a cinq ans. Il entre cette année au CP, à la grande école, et tout le monde lui répète qu'il est maintenant un grand garçon. Pourtant, tous les soirs, avant de se glisser sous ses draps, comme un bébé, il met une couche qu'il retrouve chaque matin trempée d'urine.
>
> Sa mère, irritée de devoir changer les draps tous les jours, préfère qu'il porte des couches, tout en s'interrogeant sur le fait que cela entretient peut-être également le phénomène, ou, tout au moins, n'en facilite pas l'amélioration. Elle en arrive même à se demander s'il ne le fait pas exprès ou si se lever la nuit ne lui demande pas trop d'efforts.Comme il ne veut rien comprendre, elle décide de sévir.

LA QUESTION DES VALEURS

On peut également aborder la notion de bêtise sous l'angle des valeurs. Ainsi, la nécessité d'une sanction provient-elle parfois du sentiment que telle ou telle bêtise porte atteinte à une valeur établie comme fondamentale dans le fonctionnement familial.

Une notion relative

Cependant, la notion de valeur doit être évoquée ici uniquement dans son contexte familial ou social, c'est-à-dire élargi aux espaces de vie de l'enfant (école, centres de loisirs, colonies de vacances...). Il ne s'agit pas d'évoquer des préceptes issus de principes moraux, philosophiques ou religieux, mais de s'intéresser à ceux qui (empreints ou non de ceux qui viennent d'être cités) structurent de façon plus ou moins consciente la cellule familiale. Ce sont ces valeurs familiales qui servent de base à l'élaboration des principes éducatifs auxquels les parents sont attachés. Certaines sont directement inspirées et dictées par les habitudes culturelles et sociales (comme la politesse) et s'exprimeront différemment selon chaque famille.

Dans certaines familles, on sera intransigeant sur les « mercis » et les « s'il te plaît », alors qu'on leur accordera peu d'importance dans d'autres, où l'on sera davantage attaché aux comportements et aux attitudes que l'on voudra responsables ou respectueuses – on ne met pas ses coudes sur la table, on laisse sa place à une personne âgée dans les transports en commun...

D'autres se sentiront plus directement concernées par ce qui semble bien et bon dans le développement de l'enfant. Une bonne santé (qui peut relever de critères esthétiques – de taille, de poids, de joliesse), des qualités intellectuelles (que traduiront les bonnes notes à l'école) ou une bonne intégration sociale (associée aux compliments de l'animateur du centre de loisirs ou au fait que l'enfant est invité par les parents d'un copain de sa classe).

Il y a une part d'idéal dans ces principes qui servent de référence aux membres d'une même communauté, qu'elle soit familiale, scolaire ou sociale.

Les valeurs portées par la famille imprègnent l'enfant lui-même. Ces valeurs sont bien souvent considérées comme innées ou acquises, c'est-à-dire héritées génétiquement ou bien transmises par l'éducation – ce qui revient à dire que les parents en sont toujours à l'origine ! Or c'est grâce à elles que l'enfant peut être l'objet d'intérêt, de respect et d'admiration. Qu'elles viennent à être ébranlées par la répétition de bêtises et c'est tout un ensemble : l'enfant, ses parents et leur mode éducatif qui est remis en question.

▶ DES VALEURS CHANGEANTES

En ne s'intéressant à la notion de valeurs que sous l'angle de l'enfant, de son seul intérêt et de son unique bien-être, on constate qu'elles peuvent se résumer alors aux seuls principes qui concourent à son développement harmonieux, tant sur le plan physique, intellectuel, qu'affectif. Il s'agira alors de sa santé, de sa sécurité, de la possibilité de développer de bonnes relations avec son entourage. Or ces principes englobent, de ce fait, la prise en compte de soi et de l'environnement dans lequel chacun évolue et se traduit entre autre par le respect des autres.

Le respect de l'environnement participe également au bon développement de l'enfant : on comprend qu'un enfant grandira mieux dans un milieu sain, qu'il lui convient à lui aussi d'entretenir. Ranger ses jouets est important pas uniquement pour pouvoir plus facilement les retrouver la fois d'après (et satisfaire les manies d'un parent un peu obsessionnel) mais aussi pour éviter le risque de se blesser en glissant sur l'un d'entre eux.

De même l'enfant ne développera pas sa générosité, sa loyauté, son honnêteté pour d'uniques raisons morales mais surtout parce qu'elles constituent la base de relations et d'échanges de bonne qualité qui lui permettront de s'épanouir.

L'intérêt porté à ces valeurs permet de mieux cerner ce qui aide à qualifier de bêtise un comportement inapproprié. Parce qu'il peut nuire à l'enfant directement ou indirectement.

Notons d'ailleurs que certains comportements peuvent être considérés comme dangereux dans certains contextes et non dans d'autres en fonction de leurs conséquences possibles. Courir dans les champs à l'occasion d'une promenade (qui permet de se dépenser, de faire du sport, donc une valeur santé positive) sera encouragé alors qu'il sera défendu de courir sur la route ou sur le sol glissant d'une piscine (les risques encourus portant atteinte à la valeur sécurité).

Cela concourt également à donner un sens variable à certains principes. Ainsi, s'il est préférable de dire la vérité, ce n'est pas (forcément) parce que c'est « mal » de mentir, mais surtout parce que cela peut nuire aux relations que l'on peut développer avec les autres, qui ne sauront plus quand nous faire confiance. En aidant l'enfant à prendre conscience de ces enjeux, on l'encourage davantage à faire des choix qui lui seront bénéfiques.

On pourra souligner que la multiplication des punitions ne résout pas ces difficultés. Et pour cause, le problème n'est pas dans la non-compréhension des règles ni dans le tempérament « têtu » de l'enfant, mais dans son retard de développement qui l'empêche de communiquer de façon adaptée. Cette escalade punitive ne favorise que le sentiment d'impuissance et d'incompréhension des adultes (et leur énervement) et l'identification de l'enfant à l'image de mauvais garçon qu'on lui colle.

Après plusieurs mois de rééducation orthophonique, d'activités ludiques et thérapeutiques dans un petit groupe d'enfants encadrés par une psychomotricienne, la situation de Tom s'améliore. Il a été convenu avec la maîtresse de remplacer les punitions par des temps d'isolement pour permettre un retour au calme.

6

LES SEPT PUNITIONS CAPITALES

Qu'est-ce qu'une punition ? Le Petit Larousse en donne une définition assez simple : « action de punir » c'est-à-dire, toujours selon la même source : « infliger une peine (à quelqu'un) afin de lui faire expier une faute, de le corriger ».

Les mots qui évoquent la punition, blâme, pénitence, châtiment, sanction, peine, condamnation, comme les verbes qui lui sont associés, interdire, réprimer, sévir, priver sont peu spécifiques sur le plan sémantique, sauf lorsqu'ils font référence à l'institution scolaire (consigne, retenue, pensum, piquet) ou au caractère corporel (correction, fessée…). Pourtant, toutes les sanctions sont loin d'être équivalentes.

(Notons au passage, que les mots qui évoquent la récompense sont bien moins nombreux : faveur, prix, gratification, médaille, prime et pour certains (les verbes ou les actions, ils ne s'expriment que par opposition à ceux de la punition : gracier, épargner…)

DE LA PUNITION CONSÉCUTIVE À LA PUNITION COMPENSATOIRE

Or, en fonction de la bêtise, il existe plusieurs types de sanctions. Une caractéristique leur est cependant commune : leur caractère désagréable.

Ainsi, la punition peut être la conséquence même de la bêtise ou en être dissociée, ne garder qu'un lien plus ou moins direct avec ce qu'elle est censée punir, et n'être appliquée parfois qu'avec un temps de décalage par l'adulte responsable de l'enfant. Les conséquences de la bêtise peuvent aussi déterminer la punition.

Essai de classification

1. La punition consécutive.
2. La punition comminatoire.
3. La punition par mise à distance.
4. La punition privative.
5. La punition aversive.
6. La punition par châtiments corporels.
7. Enfin la punition compensatoire.

Ces sept différents types de punitions peuvent, bien sûr, parfois se mêler. Ainsi classifiées, elles n'ont, bien entendu, aucune valeur d'exemple mais ce décryptage permet un regard plus objectif et critique.

La punition consécutive

Elle est directement liée à l'acte. Exemple, Tom, en proie à un accès de colère, casse son jouet. Détruit, l'objet n'est plus utilisable et de fait, Tom en est privé et ne peut plus s'amuser avec. Dans ce cas, la peine va durer tout le temps que durera l'acte (tant que le jouet sera cassé et jusqu'à ce qu'il soit réparé, oublié ou remplacé par un autre) et sera directement proportionnelle à l'intérêt et au plaisir que l'enfant en tirait.

Plus il aimait son jouet, plus celui-ci va lui manquer et plus l'enfant va souffrir de sa perte. Il y a, certes, préjudice mais il n'y a pas d'atteinte à l'intégrité physique et intellectuelle de l'enfant et les émotions qu'il pourra ressentir resteront transitoires.

L'adulte pourra commenter ainsi le comportement de l'enfant : « Je vois bien que tu es triste, peut-être que tu le regrettes ; maintenant, il va falloir que tu attendes pour en avoir un autre » ou « Tu sais, quand je te demande de faire attention, c'est pour éviter que ça arrive... ».

Les remarques du parent jouent un rôle important : elles favorisent la perception de la peine, permettent que l'enfant prenne la mesure de sa bêtise et tire les conséquences de ses actes. Sans forcément s'alourdir de reproches inutiles (comme pourra le faire la punition comminatoire, décrite plus loin). La parole joue un rôle dans la prise de conscience et la responsabilisation de l'enfant.

La punition comminatoire

Elle correspond à une réprimande et s'accompagne de mise en garde, en cas de récidive. Les nombreuses situations dans lesquelles le parent gronde plus ou moins sévèrement son enfant en le menaçant d'une sanction en sont l'exemple.

La punition ne dure que le temps de l'admonestation, elle s'exprime par la parole et le ton utilisé, auxquels s'ajoutent des éléments de discours non verbal (sourcils froncés, gestes menaçants comme une main tendue ou un bras levé...). Elle ne porte pas atteinte à l'intégrité de l'enfant et n'a pas toujours de lien direct avec la faute.

Cependant, par son aspect menaçant, cette punition peut être plus anxiogène que stimulante, et place davantage l'enfant dans une position de crainte que de responsabilisation. Ainsi, évitera-t-il peut-être de faire ce qui est interdit, par crainte des représailles, mais l'enfant ne choisira pas forcément de faire ce qui est préférable parce qu'il se sentira responsable.

La punition distancive ou par isolement

Elle a pour fonction d'éloigner l'enfant des éléments qui créent sa mauvaise conduite, que ce soit pour mettre un terme à la bêtise ou en limiter l'impact. Elle est immédiate, survient le plus tôt possible après le début de la scène. Sa durée peut être variable mais le plus souvent dure jusqu'au retour au calme de l'enfant.

Exemple type de la punition distancive : l'enfant que l'on confine dans sa chambre ou que l'on met au coin en attendant que sa colère s'achève. Elle a donc une action indirecte sur l'enfant et s'avère plutôt bienfaisante puisqu'elle a pour finalité son apaisement. En revanche, il conviendra de faire un choix judicieux pour ne pas transformer un lieu agréable (la chambre) en une zone punitive (parce qu'on y enferme l'enfant) ni de l'humilier en le stigmatisant (au coin, devant tout le monde).

La punition privative (ou soustractive)

C'est sans doute celle que les parents utilisent le plus souvent. Priver un enfant d'un jeu, de sortie ou d'une activité qui lui tient à cœur est souvent le premier recours lorsque l'enfant est jugé coupable.

L'intervention de l'adulte est décisive, il choisit ce qu'il va enlever à l'enfant ainsi que la durée de la privation ; cette dernière est totalement subjective, plus ou moins longue en fonction de critères propres au parent qui sanctionne, selon l'évaluation de la gravité de l'acte, mais elle est également influencée par le degré de sa contrariété.

Le choix n'a donc pas toujours de lien direct avec la bêtise sanctionnée, et porte souvent sur ce qui est censé manquer le plus à l'enfant.

Le plus judicieux est lorsque ces deux critères concordent. Antoine prive Jean, son adolescent, de sorties le week-end afin qu'il étudie ses leçons suite à un mauvais carnet scolaire : il n'y a pas de lien direct car les mauvaises notes de Jean peuvent être dues autant à des leçons mal comprises que pas apprises. Léo est puni, il n'a plus accès à son ordinateur, parce qu'il surfe toutes les nuits sur Internet jusqu'à des heures indues : cause et conséquence sont en relation immédiate.

La punition par aversion

Elle vise à dissuader l'enfant de recommencer en cherchant à le dégoûter de ce qu'il a fait. Il y a généralement une intervention sur l'enfant, coups (de la tape sur la main à la fessée plus appuyée) ou mots désagréables (critiques, reproches) et elle survient plus ou moins rapidement après la faute.

Parfois, l'adulte imite le comportement qu'il veut éradiquer avec l'idée de faire subir à son auteur ce qu'il a lui-même occasionné à un autre pour qu'il en saisisse toute la gravité. À l'exemple du parent qui mord un enfant mordeur pour lui « montrer ce que ça fait ».

La punition par correction/châtiment corporel

Elle n'est pas très différente de la précédente, si ce n'est par son intensité et le sens qui lui sont associés. Il s'agit moins de rechercher à limiter la récidive de la bêtise que de répondre au désagrément causé au parent ou à l'entourage par un autre désagrément imposé à l'enfant.

Souvent intense et brève, la punition est généralement immédiate (ou dès que l'adulte a connaissance de la faute), parfois impulsive, lorsqu'elle est associée à des émotions comme la surprise, la peur ou la colère.

La punition compensatoire

Elle consiste à répondre à la situation dérangeante en incitant l'enfant à en compenser les effets. Si, l'enfant à cassé un vase, il s'agira alors de le réparer ou de le remplacer ; si l'adolescent est l'auteur d'un vol, on lui demandera de restituer ce qu'il a dérobé ou on prélèvera l'équivalent de la somme sur son argent de poche…

On pourra aussi dans certains cas « irréparables » l'encourager à présenter ses excuses ou à demander pardon. Cette forme de punition est intéressante parce qu'elle permet de s'abstenir de tout jugement de valeur au sujet de la faute elle-même en proposant de se concentrer plutôt sur la réparation.

Dans le cas des pipis au lit par exemple, ce qui va importer c'est que l'enfant participe aux changements de ses draps. La question ne se pose plus alors de savoir s'il s'agit d'une bêtise, d'un fait exprès ou d'une immaturité, mais plutôt d'en limiter les conséquences. Cela contribue dans le même temps à le soulager d'une part de la culpabilité qu'il pourrait ressentir – lié par exemple au sentiment de donner un supplément de travail à sa mère ou d'être un petit garçon sale – et de restaurer une part de son estime de soi en lui permettant de se rendre utile.

Si cette dernière forme de punition semble être une des plus éducatives, il apparaît qu'elle n'est pas toujours réalisable. Tout ne peut être réparé et il n'est pas forcément possible de compenser les choses à la hauteur de ce qu'elles valent véritablement ou de la peine qu'elles ont effectivement provoquée. Les excuses ne suffisent pas toujours à étancher les retombées d'une faute grave et le(s) pardon(s) ne (va)/vont pas non plus de soi.

▶ ATTENTION À LA DIMENSION SYMBOLIQUE

En effet, une autre dimension doit intervenir : la dimension symbolique. Parce qu'on ne peut revenir en arrière, ni complètement effacer ce que l'on a fait, l'importance de la compensation tient essentiellement dans son intention.

Ainsi, l'enfant pourra se dire : « Certes, je n'ai pas complètement réparé ce que j'ai causé, mais j'ai essayé et je ne recommencerai pas. »

Il y a un paradoxe à vouloir absolument qu'une punition soit aussi mortifiante que la bêtise a été contrariante, car cette volonté introduit l'idée d'une symétrie ou d'une équivalence inversement proportionnelle entre faute et punition, suggérant que si la correction peut être aussi mortifiante que la bêtise, elles s'équilibrent et s'annulent.

Aussi, rien n'incite à ce que l'enfant ne recommence pas, puisqu'après la sanction, les compteurs sont remis à zéro et l'on est donc quitte.

Tableau récapitulatif des différents types de sanctions

	Lien avec la bêtise	Durée	Action du parent	Impact sur l'enfant	exemples
Punition consécutive	direct	variable	paroles/ explications	variable	jouet inutilisable
Punition comminatoire	direct	brève	paroles sévères +/- menaces	indirect ou émotionnel	réprimandes
Punition de mise à distance	direct	jusqu'au retour au calme	isolement	indirect ou émotionnel	mise au coin
Punition privative	+/- direct	aléatoire	soustrait un bien, un privilège	indirect	interdiction de console de jeu
Punition aversive	indirect	immédiate	propos ou gestes violents	atteinte physique ou émotionnelle	tape sur la main/ fessée
Punition par correction	aucun	immédiate/ brève	gestes agressifs	atteinte physique	gifle/coups
Punition compensatoire	direct	le temps de la réparation	encouragements	indirect	excuses

Les deux axes de la punition

1 La punition doit être graduée. Elle doit sanctionner un comportement inadapté. Ainsi, une gradation doit être envisagée en fonction de l'importance de la faute. Plus la faute est grave, plus elle sera sanctionnée sévèrement.

Notons cependant que l'évaluation de sa gravité peut être très subjective. Comme nous nous interrogions précédemment, quel est le critère qui l'emportera dans cette évaluation : l'insécurité à laquelle l'enfant s'est risquée ? Les dangers qu'il a fait courir à son entourage ? ou bien les désagréments qu'il a provoqués autour de lui ? Cette notion d'intensité permet de souligner que, quel que soit le type de punition, le risque d'excès est toujours présent et concerne notamment les punitions de mise à distance.

Si elles peuvent présenter beaucoup d'intérêt chez les plus petits, elles sont moins pertinentes chez les plus grands. Il y a bien entendu une grande différence entre demander à un enfant de rester un peu à l'écart sur sa chaise le temps qu'il se calme et l'enfermer dans le noir, ou bien, concernant les punitions privatives, priver un adolescent de console de jeu pendant une semaine ou de sport jusqu'à « nouvel ordre ».

2 La punition doit être comprise par l'enfant. Indépendamment de toute notion d'intensité, la punition doit également évoluer en fonction de ce qu'elle représente pour l'enfant, notamment, l'enfant doit comprendre ce qu'il a fait et les conséquences que peuvent avoir ses actes ou ses paroles.

Or cela dépend pour beaucoup de son développement psychologique, affectif et cognitif, qui est en relation, avec son âge et sa maturité affective.

Ainsi, de sanctions concrètes dont la réalisation ou l'expression va s'inscrire dans une réalité matérielle objectivable pour le jeune enfant, il sera possible d'évoluer vers des sanctions plus symboliques davantage adaptées aux adolescents, en s'appuyant ainsi sur des valeurs qui vont prendre de plus en plus d'importance chez l'enfant qui grandit.

Cette distinction entre mesures concrètes et symboliques ne concerne pas que les punitions compensatrices, par le biais de la réparation et des excuses (même s'il ne faut pas renoncer à apprendre à un tout jeune enfant à présenter ses excuses), le très jeune enfant en saisira moins le sens qu'un enfant de « l'âge de raison » (à partir de 6 ans) qui se sentira plus concerné par le fait de « réparer » ce qu'il aura lésé. Inversement un adolescent accordera plus de poids à l'engagement symbolique qui consistera en devoir s'excuser.

Si mettre au coin (mesure de mise à distance concrète) est bien adapté aux jeunes enfants, pour les plus grands, il faudra adopter une attitude consistant à instaurer une distance symbolique en ne répondant plus aux demandes affectives et limitant les relations au « minimum parental ».

Ces différentes considérations soulignent combien, au-delà de toute typologie, ce qui importe dans l'éducation, c'est de concevoir des réponses adaptées à la fois aux comportements des enfants et à leurs spécificités, à leurs âges, à leur sensibilité, à leur maturité et bien évidemment à leurs besoins.

7

COMMENT PUNIR ?

Punir ou ne pas punir, telle n'est pas uniquement la question. Il ne s'agit pas tant, pour des raisons qui seraient purement idéologiques, de renoncer à punir, notamment si cela paraît justifié ou que l'on ne sait pas comment faire autrement, que de trouver ce qui aura le plus d'intérêt pour l'enfant et ses parents. Que l'intérêt soit éducatif ou préventif pour permettre à l'enfant de bien grandir, ou qu'il soit de favoriser la tranquillité de la famille pour en assurer un fonctionnement serein. De cette notion d'intérêt se dégagent plusieurs règles pour l'élaboration de **bonnes punitions**. Rappelons que les enfants sont des êtres en développement et qu'ils ne maîtrisent pas encore tous les codes sociaux, que leur sens des responsabilités est en cours d'élaboration et que la gestion de leurs émotions n'est pas jusque-là optimale.

On préférera donc **privilégier l'apprentissage des règles et des lois à la coercition ou à la mortification** qui supposent d'avoir une connaissance, pour l'une, des interdits que l'enfant est susceptible de bafouer, et pour l'autre, des valeurs vis-à-vis desquelles il devrait se repentir. Ainsi, voici énoncées **quelques règles pour concevoir des punitions cohérentes**.

CE QUE L'ON DOIT FAVORISER

L'apprentissage de ces notions d'interdits et de valeurs participe pour une part à l'éducation. Cependant, élever un enfant ne peut se résumer à en faire un individu uniquement respectueux de quelques règles, fussent-elles indispensables au fonctionnement familial et plus généralement social. Cela doit lui permettre de bien gérer ses émotions, notamment celles liées aux frustrations, aux sentiments de toute-puissance ou à la culpabilité, et plus encore de devenir autonome et responsable.

Si les punitions sont conçues dans un souci éducatif, elles doivent tenir compte de ces principes et les favoriser, en tous les cas ne pas les empêcher.

Être pédagogique

L'apprentissage repose sur l'enseignement et la répétition. On ne peut pas reprocher à quelqu'un de ne pas connaître ce dont il n'a jamais eu connaissance. Il est donc indispensable d'apprendre les règles aux enfants avant de sanctionner leur transgression. C'est dans les situations quotidiennes, que cette éducation se fait, sans attendre qu'une bêtise soit commise pour servir d'exemple.

Certains enfants, curieux de tout, posent fréquemment des questions ; il sera sans doute plus aisé avec eux de pouvoir anticiper et de leur transmettre ces valeurs. Pour d'autres, se confronter aux limites reste une expérience nécessaire pour prendre conscience des réalités de la vie. C'est tout particulièrement vrai pour les plus petits qui découvrent le monde en même temps qu'ils font l'expérience de leurs capacités. Ce que l'adulte qualifie de bêtise correspond souvent pour l'enfant à une expérience plus ou moins heureuse. Elle équivaut à un questionnement qui trouve sa réponse dans les conséquences qu'il provoque.

Dès lors, punir pour punir n'a pas vraiment de sens sauf si la sanction peut intervenir comme une façon de souligner ce que l'on réprouve. La réprimande adaptée à l'âge de l'enfant, en fonction de son niveau de compréhension et de ses moyens d'expression, lui enseignera ce qui n'est pas autorisé.

Pour qu'une leçon soit retenue, elle a souvent besoin d'être bien répétée. Les exercices sont aux devoirs ce que les expériences sont à la vie...

Veiller à appliquer pour une même bêtise, une même sanction

Beaucoup de parents ont le sentiment que la punition est inutile ou pas assez sévère parce que leur enfant réitère sa bêtise.

Or ce n'est pas la qualité ou l'efficacité de la punition qui est en jeu, mais l'apprentissage des limites et l'évaluation de celles-ci : l'enfant a besoin de mesurer la flexibilité des règles qu'il découvre. Sont-elles immuables ou peuvent-elles fluctuer en fonction de ses désirs (et de sa ténacité à les imposer), de ses parents (et de leur patience, de leurs capacités à résister aux pressions de l'enfant, de leur humeur, leur fatigue...) ou même de l'importance des valeurs que ces derniers défendent (et de l'assurance qu'ils ont dans leur rôle de parents et dans leurs principes éducatifs) ?

D'où la nécessité de la règle qui suit : qu'à une même bêtise corresponde une même sanction. Cette invariabilité permet l'apprentissage grâce au lien de causalité qu'elle établit (« telle action est une bêtise puisqu'à chaque fois que je la fais, je suis puni », doit penser le jeune fautif). Elle permet également d'anticiper : « Je sais que si je commets tel acte, je m'expose à telle sanction... »

Établir une punition invariable et proportionnelle

Maintenir ce caractère invariable n'est pas toujours chose facile, car nous sommes soumis à l'influence de nos émotions : serein, on sanctionnera probablement moins sévèrement que si l'on se sent énervé après une journée stressante de travail ; de même, fatigué, on passera plus facilement sur quelque chose qu'on aurait relevé si l'on avait été en forme.

Face aux comportements que l'on qualifie d'« énervants », alors qu'ils peuvent n'avoir aucune gravité ni présenter de risque objectif pour l'enfant, nos attitudes oscillent souvent entre sanctions excessives et ignorance inadaptée.

On soulignera donc à nouveau la pertinence de ne pas laisser les émotions dicter nos conduites éducatives. La règle de l'invariabilité de la sanction peut en définitive s'avérer une bonne façon de répondre à cette nécessité. Si l'on décide qu'à telle situation correspond (presque) toujours telle réponse (pour sanctionner ou pour encourager) et qu'on s'en tient à appliquer la règle, on agira de façon adaptée quel que soit notre état émotionnel.

Toutefois, cela suppose qu'on ait anticipé un tant soit peu les choses qui pourraient survenir ou, comme en matière de jurisprudence, que l'on se serve de l'expérience de situations antérieures auxquelles nous avons su faire face de façon judicieuse ou dont d'autres parents nous ont transmis l'exemple.

Se garder de ses émotions

C'est parce que la sanction doit rester indépendante des affects que l'on veillera à ce qu'elle le soit aussi des sentiments. On évitera donc de tomber dans le piège que résume la formule : « Je renonce à te punir parce que je t'aime. » D'autant que cette perception peut favoriser une interprétation symétrique chez l'enfant : « Si je suis puni, c'est que je ne suis pas aimé. »

Brice est un petit garçon ravissant. Ses boucles blondes encadrent un visage poupon où brillent les deux perles bleues de ses yeux. Les deux premières minutes passées dans mon bureau lui ont suffi pour répandre sur le sol la quasi-totalité des boîtes de jeux. Il s'attaque au matériel posé sur la table. Sa mère le regarde faire sans oser dire quoi que ce soit. Puis, quand il commence à froisser les feuilles des dossiers qui s'y trouvent, elle finit, un peu gênée, par lui intimer l'ordre d'arrêter en arguant du fait que « sinon le docteur va se fâcher et te gronder… ». Devant ma surprise (je n'ai pas réagi pour l'instant à l'agitation de l'enfant), elle m'explique qu'elle-même a beaucoup de mal à le punir et qu'il n'obéit de toute façon que lorsque quelqu'un d'autre intervient.

Elle raconte comment, deux jours auparavant, il s'est blessé au front en tombant du divan sur lequel il sautait comme sur un trampoline.

– « Il est tellement mignon, il nous faisait tous rire à faire le clown et je ne savais pas si je devais lui demander d'arrêter ni comment. » Cela s'est soldé par une bosse, des pleurs et un câlin, qui ne semble pas avoir permis de mettre des mots sur l'incident.

Décryptage

Plusieurs choses peuvent être soulignées : sans parler forcément de bêtise, l'attitude de Brice interpelle en ce qu'elle peut aller à l'encontre d'une valeur éducative à respecter : la sécurité de l'enfant. Or il semble que les limites soient ici difficiles à poser et que les interdits fassent défaut, parce que les relations avec l'enfant s'inscrivent dans un rapport de séduction. Pour ne pas faire de peine à l'enfant, on évite de lui demander d'arrêter. Et la sanction est immédiate : l'enfant chute.

Si le câlin s'accompagne de quelques mots de réconfort, il n'est pas aisé d'y associer ceux qui permettraient d'éviter la récidive, surtout si le parent n'a pas tout fait pour éviter l'accident et qu'il se sent coupable. Or il aurait été possible de mettre Brice en garde et de lui proposer, en échange des sauts sur le divan, d'autres possibilités de se distraire.

Une situation est autorisée ou défendue, elle mérite d'être sanctionnée ou non, indépendamment de ce que l'on ressent et de la volonté de faire plaisir ou de contrarier, mais uniquement en fonction des conséquences qu'elle peut avoir. Leur gravité peut alors justifier des sanctions plus ou moins importantes.

Veiller à la cohérence de la punition

D'autres règles générales peuvent intervenir en préambule à l'élaboration et à l'exécution des sanctions. Elles sont régies par divers principes, comme le principe de cohérence, qui veut qu'une sanction soit d'autant plus sensée qu'elle est corrélée avec ce qu'elle cherche à éviter ou à favoriser.

Ainsi, il faut qu'il existe un lien relativement rationnel entre la punition et la faute sanctionnée. La punition doit être claire, sa mise à exécution doit correspondre à ce qui a été annoncé et s'inscrire dans une durée brève et limitée.

▶ LE LIEN ENTRE BÊTISE ET PUNITION DOIT ÊTRE CLAIR

Si l'un des buts recherchés est de limiter la répétition d'attitudes inappropriées, il faut aussi que le souvenir de ce qui est autorisé ou non soit marqué. La sanction n'y parviendra que si elle garde une connexion avec la faute en question.

À l'inverse, n'importe quelle punition arbitraire, toute bénigne (ou sévère) qu'elle soit, n'aura aucune fonction éducative si elle ne permet pas de retenir ce pour quoi l'on a été réprimandé.

Les punitions compensatoires ont par définition un lien direct avec la bêtise qu'elles sanctionnent. C'est le vase que l'on répare ou le jouet abîmé que l'on remplace par un autre acheté avec son argent de poche, ce sont les excuses que l'on présente pour des mots ou des gestes déplacés…

D'autres punitions peuvent avoir un lien plus ou moins direct avec ce qu'elles veulent corriger. Isoler un enfant pour lui permettre de retrouver son calme, ou priver un adolescent de son téléphone mobile parce qu'il l'a utilisé à un moment inopportun sont ainsi d'autres exemples cohérents. À l'inverse, une correction, un châtiment corporel n'auront aucun lien avec la faute qu'ils punissent. Un enfant qui reçoit régulièrement des fessées ne se souviendra pas forcément des raisons pour lesquelles il a été dernièrement battu.

La cohérence de la sanction fait également intervenir une notion d'équité, c'est-à-dire le sentiment que la punition sanctionne de façon juste un comportement ou des propos inopportuns. Cela favorise aussi une meilleure compréhension de la sanction. Or si l'enfant n'a pas à être d'accord ou non avec le fait d'être puni, il est important qu'il en comprenne la raison. Par conséquent, la sanction doit être relativement claire. Elle ne doit pas porter sur différents griefs à la fois ou évoluer au cours du temps.

Mehdi, 14 ans, puni de sortie ce week-end pour être rentré trop tard dans la semaine sans prévenir, se frotte les mains. Les conditions atmosphériques annoncées sont désastreuses et ses « potes » ont reporté la sortie initialement prévue au samedi suivant.

Son père, un peu contrarié que sa sanction n'ait pas l'impact qu'il espérait, serait bien tenté de la prolonger jusqu'au week-end suivant ou de la transformer en une interdiction de console...

Décryptage

Or ce qui avait du sens (escapade prolongée sans prévenir = réduction de sortie annoncée) n'en a plus si la punition s'avère déconnectée de la faute et qui plus est galvaudée (Mehdi voit ses temps de distraction sur les écrans régulièrement suspendus au gré de ses méfaits).

Quant à la durée de la peine, elle peut marquer la tendance à la toute-puissance de l'adulte, qui modifie les règles selon son bon vouloir sans tenir compte nécessairement de l'intérêt de l'enfant. Une peine annoncée doit rester conforme à ce qu'elle a été. Il sera bien sûr possible d'ajouter une seconde sanction ou de doubler la première si une nouvelle bêtise se (re) produit, comme de la transformer en lui associant une mesure favorable si le comportement positif de l'enfant le justifie.

Dans ce cas précis, l'enfant est directement impliqué dans l'évolution de sa sanction, ce qui permet une meilleure prise de conscience de ses responsabilités.

▶ LA DURÉE DE LA PUNITION

····➤ Loane est une adolescente relativement indisciplinée. Elle est régulièrement punie d'un mois de privation de sorties. Or en 30 jours, elle a bien le temps de faire de nouvelles bêtises... Quand elle fait le bilan, cela doit bien faire un an qu'elle n'a pas pu profiter d'un week-end avec ses copines. Comme sa peine court encore sur les six mois à venir, elle se sent un peu comme une condamnée à vie...

Décryptage

On peut facilement imaginer qu'une telle situation n'encourage pas les efforts de changements. Pourquoi adopter un comportement qui correspondrait à celui de la jeune fille sage que l'on attend d'elle, puisque de toute façon elle a encore de long mois de sanctions à purger ? Durant cette période, qui façonne son image d'adolescente rebelle, il ne lui est pas possible de vivre des expériences positives.

Finalement, les seuls moments où elle se sent vraiment exister, ses seules distractions sont quand elle transgresse le cadre (la dernière fois qu'elle a été punie, c'est d'ailleurs pour avoir « fait le mur » à la pension...).

Plus une peine est longue, plus elle perd son sens sur la durée et moins elle encourage le changement positif. ➤····

▶ LA BRIÈVETÉ ET LE COURT TERME

Ils sont en effet de mise, ne serait-ce que pour faciliter l'exécution de la punition. Rien ne sert de punir pendant des semaines ou des mois, même si ce que l'on veut condamner nous paraît d'une extrême gravité. Plus l'enfant est jeune, plus il aura tendance à oublier rapidement la raison pour laquelle il l'a été. Une sanction brève, justifiée et qui pourra de ce fait être répétée si la bêtise est réitérée, favorisera davantage l'anticipation.

▶ L'INSTANTANÉITÉ

Pour des raisons similaires, il sera préférable que la punition soit annoncée assez rapidement après le constat de l'infraction ou sa révélation. Certes, il est important que les émotions ne l'emportent pas, justifiant le délai nécessaire pour avoir les idées claires. Cependant, on évitera de faire durer l'attente trop longtemps après avoir annoncé qu'une punition allait tomber. Inutile en effet de maintenir l'enfant trop longtemps dans la crainte de ce qui pourrait lui arriver.

De même la punition perdrait tout son sens si on la différait trop longtemps. L'enfant à une perception assez instantanée du temps. Si l'on veut conserver à la sanction une dimension pédagogique, il est important que l'enfant se souvienne de la raison pour laquelle il a été puni. Survenant au bout de plusieurs jours, il est probable qu'il ne retienne que le ressentiment associé au désagrément de la peine, sans se souvenir qu'un autre choix que celui qui a conduit à sa sanction était sans doute possible.

▶ LA MISE À EXÉCUTION DE CE QUI A ÉTÉ ANNONCÉ

L'annonce d'une sanction, qui survient après le constat ou la révélation d'une bêtise réalisée, est à distinguer de la menace d'une punition évoquée à titre préventif ou dissuasif, avant que les limites ne soient dépassées.

Cette mise en garde, souvent utilisée avant de se fâcher, n'est pas une punition en soi ; en tant qu'avertissement, elle permet parfois de mettre un terme à une situation problématique.

– « Si tu continues comme cela, ça va barder ! »

Cependant, elle ne suffit pas toujours. Il faut donc faire comprendre qu'elle sera mise à exécution, le cas échéant. Sans quoi, cette « menace » pourrait même s'avérer néfaste. En effet, si les ultimatums restent sans effet, que les difficultés subsistent et que l'on ne fait rien, on court le risque que les choses s'aggravent ou se répètent inexorablement. Dans l'esprit de l'enfant, l'équation est simple : « Si je continue de faire ce que l'on m'interdit et que rien ne se passe, pourquoi arrêterais-je ? » Aussi ne doit-on brandir que des sanctions que l'on sera à même d'infliger, si nécessaire. Or il sera plus aisé de les appliquer si l'on a conscience de leur intérêt et qu'elles ont été conçues selon des critères positifs. L'intérêt de l'enfant reste au cœur du choix des mesures éducatives. Les notions qui suivent aideront à baliser le terrain en fonction de ce que l'on doit favoriser et ce qu'il est important d'éviter.

Cependant, la notion même de « menace » interroge. Elle suppose que l'on s'appuie sur la crainte et la peur de la sanction pour dissuader l'enfant d'un comportement ou d'une attitude qui ne seraient pas adaptés. Or ni la crainte ni la peur ne sont des émotions qui favorisent l'apprentissage ou la prise de responsabilité

Le choix des mots

Plus efficace et plus responsabilisant que la menace, on pourra privilégier le fait de donner à son enfant la possibilité de choisir :

« Soit tu fais tes devoirs tous les soirs, et le week-end tu auras du temps pour sortir, soit tu accumules les cours à revoir et les exercices à faire pour la semaine (en dehors des leçons prévues pour le lendemain, bien sûr) mais tu seras coincé à la maison samedi et dimanche pour les terminer. »

- Même si le choix est parfois illusoire, il reste préférable à la menace que sous-entend le « Si » (« si tu (ne) fais (pas) ça, tu seras puni... »)
- Beaucoup de situation paraitront ainsi moins conflictuelles, en particulier avec les adolescents: « soit tu fais comme ceci, et tu peux bénéficier de cela, ... soit tu fais comme bon te semble et tu renonces à telle ou telle possibilité... À toi de choisir! »

▶ DES PUNITIONS QUI DOIVENT FAIRE PRENDRE CONSCIENCE DE LA FAUTE

La punition peut libérer de la culpabilité. Cette notion doit être appréhendée avec beaucoup de subtilité. Trop d'adultes prennent conscience, souvent au cours d'un travail d'introspection ou de psychothérapie, qu'un excès de culpabilisation a inhibé leur développement psychologique et affectif et parasite au quotidien leur plein épanouissement tant professionnel que personnel.

Si l'excès de culpabilité est un poison sournois, à l'inverse, ne jamais en éprouver, a fortiori quand on est coupable de quelque chose, n'est évidemment pas sain. **Cela favorise l'absence d'empathie,** le manque de conscience de sa responsabilité dans ce qui arrive, et le défaut de remise en question qui s'y associe ne permet pas de s'améliorer, exposant ainsi au risque de récidive et d'aggravation.

Les études sociologiques faites dans ce sens montrent que cette carence fait le lit des personnalités psychopathiques. Comment élever ses enfants pour en faire des individus responsables sans pour autant les culpabiliser à outrance ?

La punition : un besoin ?

C'est un concept psychanalytique qui mérite d'être bien explicité pour éviter une interprétation erronée. Le risque serait de légitimer un « devoir de punition » que certains adultes pourraient s'octroyer à outrance.

Freud, dans sa théorie du complexe d'Œdipe, a évoqué le « besoin de punition » que l'enfant ressent lorsqu'il a l'impression d'avoir commis une faute. Qu'elle soit réelle ou imaginaire, l'idée d'être responsable de quelque chose génère un sentiment de culpabilité dont l'enfant va chercher inconsciemment à apaiser le poids en se faisant punir. Pour le psychanalyste autrichien, il s'agit essentiellement d'une « culpabilité œdipienne », c'est-à-dire de la culpabilité d'être amoureux de sa mère ; mais ce processus se poursuit bien souvent au-delà de la résolution du complexe d'Œdipe.

Lorsque l'enfant ne parvient pas à se dégager de ces sentiments de culpabilité, il développe des mécanismes de défense émotionnels qui risquent de conditionner le développement de stratégies comportementales inappropriées. Ces dernières peuvent agir soit dans le sens du déni, soit dans celui de l'hypertrophie.

Dans le premier cas, l'enfant relativise de plus en plus sa responsabilité dans les conséquences de ses actions, favorisant la multiplication de comportements antisociaux, de troubles oppositionnels, et, à long terme, l'élaboration d'une personnalité psychopathique.

Inversement, le second processus génère un besoin d'autopunition. Comme si l'enfant se chargeait lui-même de sa propre correction, il a ainsi recours, inconsciemment, à des pratiques autopunitives. L'enfant qui, « malencontreusement », fait systématiquement tomber sa glace par terre, celui qui se sent patraque quand vient l'heure d'aller jouer dans la cour, autant de situations qui illustrent ce qu'il convient d'appeler des privations volontaires. Il peut s'agir d'automutilations plus ou moins évidentes, comme l'onychophagie ou la trichotillomanie (le fait de se ronger les ongles ou de s'arracher quelques cheveux), de scarification, de conduites anorexiques ou à risque, celles-ci plus graves...

L'enfant ne peut donc porter seul le poids de sa culpabilité. Pour autant, chez ses parents, cela ne légitime ni le recours abusif aux punitions ni l'ignorance volontaire de comportements inappropriés. Car il ne s'agit pas, pour le déculpabiliser, de dire à l'enfant que ce qu'il vient de faire n'est pas grave, surtout si l'on pense le contraire ! Ou pire, de faire comme si l'on n'avait rien vu, au risque de favoriser une escalade dans les troubles de sa conduite.

▶ DONNER UNE SANCTION QUI A DU SENS

La sanction prend donc d'autant plus de sens, même si elle n'est pas effectivement compensatoire, lorsqu'elle constitue un contrepoids à la culpabilité. Dans cet ordre d'idée, les « travaux d'intérêt général » ne sont pas sans valeur. Il s'agit de proposer à l'enfant une tâche qui, tout en conservant sa valeur de sanction, lui permettra d'effectuer quelque chose de gratifiant.

L'expérience montre que les actions concrètes, physiques, libèrent davantage du poids de la culpabilité que les privations, les pensums et autres contraintes plus abstraites dénuées de sens. L'enfant se dépense physiquement pour se racheter symboliquement.

> Finalement, le père de Mehdi, qui l'avait privé de sortie pour être rentré tard, lui a demandé de l'aider à ranger le garage. Ce qui avait commencé sous un lourd climat de bouderie et de mutisme s'est progressivement mué en un moment où le père et le fils ont pu parler ensemble d'autre chose que des devoirs et des sujets qui fâchent...

Bien sûr, ces mesures sont à adapter en fonction de l'âge. Chez un tout petit, la mobilisation corporelle consistera tout simplement à lui demander de ramasser l'objet qu'il vient de jeter à terre ou de rester sur son siège en attendant de s'apaiser.

Dans ces cas où la punition permet un retour au calme, mettant un terme à la colère, ou signifiant que les limites sont dépassées et que le parent ne tolérera pas un écart supplémentaire, elle se suffit rarement à elle seule. Certes, elle souligne bien la gravité de telle attitude et la désapprobation qui en résulte, mais elle ne permet pas à l'enfant d'exprimer d'une façon plus adaptée ce que son comportement inapproprié pouvait revendiquer, ni les émotions, sentiments ou ressentiments qui ont pu en être à l'origine.

Or c'est là que siège, sans aucun doute, un élément essentiel intervenant dans la répétition des bêtises : tant que l'enfant n'aura pas développé d'autre moyen de répondre à ce qui plus profondément est en jeu, il est possible qu'il répète le même comportement sous une forme ou une autre. Ce n'est donc pas la punition qui ne sert à rien, ou qui n'est pas assez dure, comme le croient trop souvent les parents. Il est nécessaire de donner une suite à la punition, une intervention qui permette à la fois de restaurer le lien entre l'adulte et l'enfant et d'élaborer avec lui comment il aurait pu agir autrement.

▶ LA PUNITION DOIT PARTICIPER AU TRAVAIL DE PRÉVENTION

On ne peut pas attendre de la punition des résultats immédiats outre celui de souligner les erreurs commises. Le reproche fait à certains principes éducatifs – ils ne marchent pas puisque l'enfant recommence – souligne la nécessité de la prévention en général et de celle des récidives en particulier.

Réparations, explications, recherches d'alternatives (que faire d'autre ? peut-on faire autrement…) sont autant de mesures que l'on pourra associer pour aider à une bonne compréhension des erreurs commises et limiter la reproduction des mauvais comportements.

Le fait que la sanction soit reconductible et prévisible joue également un rôle non négligeable comme facteur limitant.

Schéma descriptif d'une séquence comportementale de base

Un élément déclencheur (une action, une parole…) entraîne une première réponse à l'origine d'une première conséquence. Selon le caractère agréable ou non de cette dernière, le sujet sera soucieux de reproduire, ou non, le même cycle de réaction. Ce principe est à la base de l'apprentissage de la plupart des comportements acquis chez l'enfant.

Or si l'enfant jouit d'un certain plaisir à faire des bêtises, il sera tenté de recommencer. Parallèlement, s'il tire davantage de bénéfices à développer des comportements adaptés ou socialement et familialement valorisés, l'équilibre entre bénéfices et désagréments (frustrations de ne pas jouir de tout, mécontentements dus aux punitions, contrebalancés par des gratifications, encouragements ou autres récompenses…) l'orientera progressivement et plus fréquemment vers ces derniers.

▶ LA PUNITION EST L'AFFAIRE DE PARENTS QUI COLLABORENT EN HARMONIE

Administrer une punition peut être perçu comme un échec dans nos processus éducatifs. Essentiellement parce qu'elle vient sanctionner une bêtise qu'on a le sentiment de ne pas avoir pu ou su empêcher, mais également parce qu'elle nous rappelle que ni l'enfant ni nous, ne sommes parfaits.

Cette perception sera d'autant plus forte si la sanction est prononcée sous le coup de la colère et que les verrous de la patience ont cédé.

On est alors tenté de laisser à l'autre parent la responsabilité de sévir, favorisant chez lui l'idée amère qu'il (elle) est toujours le (la) seul(e) à punir. D'autant que selon le caractère, la sensibilité et l'éducation de chacun, chaque parent peut avoir un point de vue éducatif différent. Il s'agit alors de trouver un compromis entre ce que chacun considère comme des bêtises et les sanctions s'y appliquant. On choisira alors pour se mettre d'accord un moment et un lieu à l'abri des regards des enfants.

CE QUE L'ON DOIT ÉVITER

La règle fondamentale est qu'aucune punition ne doit affecter ce qui est indispensable à l'enfant dans son développement global, tant affectif que cognitif ou bien évidemment physique. Cela paraît évident et pourtant la fameuse exclamation « privé de dessert ! » résonne encore dans nombre de maisons. On ne touchera donc pas à ce qui a trait à l'alimentation ou aux apprentissages. Il en va de même du sport, des activités physiques et artistiques qui contribuent à l'évolution saine et équilibrée de l'enfant.

Cette règle est valable dans le sens de la privation comme dans celui de l'addition de corvées concernant les apprentissages ou les événements du quotidien.

Les privations

S'il paraît évident qu'on ne doit pas punir un enfant en le privant de manger ou de boire, cela doit l'être aussi quand il s'agit de sport, même si l'on sait que de ne pas aller à son activité préférée le mortifiera profondément. Le principe est que si l'on veut considérer la punition comme un outil éducatif, elle doit cadrer avec les lois éducatives élémentaires. « La base de l'éducation c'est cela, satisfaire le besoin... », disait Françoise Dolto dans ses *Dialogues québécois.* (Seuil, 1987).

Certes, ce que Martin aime le plus au monde, c'est le football, et le priver d'entraînement l'affligerait cruellement. Dans le même temps, son activité physique régulière lui permet d'évacuer les tensions et le stress de sa semaine. Sans cette soupape émotionnelle, il est probable que les jours suivants, son comportement serait plus difficile à gérer, avec un risque accru de conflits ou de bêtises.

Il est surprenant de constater que, bien souvent, il est plus facile de priver de sport que de télévision... Un facteur qui intervient sans doute est que supprimer une activité parascolaire dispense du même coup le parent d'y accompagner son enfant. Cela permet de souligner que la punition trouve parfois son intérêt dans ce qu'elle a d'arrangeant pour le parent, au point que l'agrément qu'elle procure constitue en soi le sens même de la sanction. Cela est d'autant plus vrai, même si ce n'est pas perçu consciemment, quand la bêtise a été ressentie comme une agression par le parent. Heurté ou blessé dans son amour-propre, il trouve dans la mortification que provoque la punition une certaine forme de vengeance apaisante.

Les corvées

Les tâches du quotidien ne doivent pas non plus être détournées en punitions, parce que l'on sait qu'elles contrarieront suffisamment l'enfant. En assimilant certaines de ces besognes ordinaires à des sanctions, ce sont toutes les activités équivalentes qui s'en trouveront affectées.

Comment l'encourager à mettre la table, à vous seconder lorsque vous faites le ménage ou à ranger sa chambre sans rechigner si toute obligation est synonyme de corvée ?

Les devoirs scolaires et les apprentissages illustrent particulièrement ce risque. À l'âge où l'on découvre l'écriture, copier des lignes correspond avant tout à un entraînement. Or l'enfant aura tôt fait d'assimiler tout exercice à un pensum si, pour le punir, on lui fait reproduire un nombre absurde de fois une phrase de contrition du style : « Je ne dois pas faire ceci ou cela… » Il serait dommageable de le dégoûter ainsi de toute activité d'apprentissage s'appuyant sur la répétition.

Si certaines privations et corvées inappropriées peuvent porter atteinte au développement physique, cognitif et affectif de l'enfant, d'autres punitions, qui concourent au développement de modes de fonctionnement affectifs ou psychiques inadaptés à l'équilibre psychologique de l'enfant, sont également à proscrire. C'est le cas des punitions qui favorisent ce que l'on pourrait appeler un conditionnement par l'aversion en d'autres termes : dégoûter pour dissuader.

Les châtiments corporels

Pour éviter la répétition d'un comportement qu'il réprouve, l'adulte va utiliser des moyens répressifs, le plus souvent très désagréables, dont le but est de dégoûter l'enfant de recommencer.

L'exemple le plus flagrant est celui des châtiments corporels. Ils peuvent être ritualisés, c'est-à-dire conçus par les parents et présenté à l'enfant comme un outil punitif dans l'arsenal éducatif familial. Avec l'idée d'y avoir recours régulièrement en cas de manquement aux règles établies ou d'actes réprouvés par les parents. En cas de faute avérée, chacun – parent et enfant – connaît le châtiment encouru – qu'il s'agisse des fessées ou du martinet. Qu'il y ait ou non une gradation en fonction de la gravité de la faute, l'idée est de prévenir la réalisation des bêtises, quelles qu'elles soient, par la crainte d'une correction.

Mais ces châtiments peuvent être aussi impulsifs, comme la gifle ou le coup qui part sans sommation. On garde toujours en arrière-pensée, cependant, la croyance que leur caractère répétitif constitue une menace dont l'enfant apprend à se méfier. Or c'est là que le bât blesse, car loin d'aider l'enfant à développer son sens des responsabilités, on lui apprend surtout à échapper aux coups, à les parer ou à les encaisser. La peur d'être puni n'influencera pas que les enfants les plus sensibles, au risque de les rendre craintifs, et ne fonctionnera pas forcément chez des enfants à la personnalité plus affirmée, pour qui il s'agira plutôt de chercher à échapper à la sanction.

> Paul se souvient que lorsqu'il était enfant, il y avait un martinet en cuir rangé sur la plus haute étagère de l'armoire de la chambre de sa mère. La menace planait qu'à chaque manquement à la règle, le châtiment s'abattrait. Si ses premières années se sont déroulées plutôt sagement, l'adolescence a été une période de conflits et de tensions familiales qui l'ont conduit à la terminer en pension. On ne sait s'il y a un lien de cause à effet, mais lorsqu'il a eu treize ans, atteint 1 m 70 et la possibilité d'accéder à toutes les étagères, le martinet a disparu. Et avec lui, toute menace de sanctions...

Une forme particulière de ce type de punition est représentée par les paroles de dénigrements. Sur le fond, le principe est le même : chercher à meurtrir l'enfant pour le dissuader de recommencer ce qu'on lui reproche. Cette fois, les blessures ne sont plus physiques mais émotionnelles : honte, humiliation, culpabilisation...

▶ POURQUOI FAUT-IL OUBLIER LES CHÂTIMENTS CORPORELS ?

Tout d'abord parce que leur efficacité supposée s'appuie sur l'idée fausse que la crainte de la punition sera plus forte que le désir de la transgression (réaliser ce qui est défendu).

On se trompe en croyant que pour rendre cette crainte plus puissante, il suffira d'en laisser un souvenir cuisant. C'est méconnaître le fait que l'anticipation du plaisir ou du bénéfice obtenu grâce à la bêtise est plus intense que la crainte de la peine encourue. Car on ne se situe pas dans le domaine du réel, mais de l'expectative (la faute n'est pas encore commise, ni le plaisir obtenu, et la punition pas encore administrée).

Or la connaissance de la punition (pour l'avoir déjà éprouvée et s'en être relevé) a moins d'impact que l'espoir de quelque chose à découvrir. D'autant qu'avec un peu de chance, on pourra échapper à la sanction tout en conservant le bénéfice de ce qu'on espère. Ce qui se résume dans l'expression : on sait ce que l'on risque, mais on ne sait pas ce que l'on pourrait manquer.

Une autre raison est le risque d'habituation, fréquent lors de la reproduction d'une punition inopérante. Cela correspond à la réduction de la crainte du fait de la répétition régulière des châtiments. Ce phénomène est aux comportements ce que l'accoutumance est à la drogue, et favorise de la même façon le besoin d'« augmenter les doses », avec pour conséquence similaire la perte de l'effet attendu. L'enfant va répéter les conduites inadaptées tout en connaissant les risques encourus, en essayant chaque fois de s'y soustraire. Cela encourage le développement de stratégies d'évitement inappropriées (dissimulations, mensonges, fugues) qui enferrent le fautif dans des conduites qu'on a contribué à stimuler, et l'enferment dans une identité de « mauvais sujet ».

Comme l'accoutumance aux produits addictifs, elle peut entraîner la conviction qu'il faut augmenter la fréquence et l'intensité des corrections. On s'éloigne de mesures qui pourraient être éducatives, en encourageant le développement de comportements inadaptés tout en instaurant des situations où l'adulte exerce de façon abusive son autorité et sa force. Et on ne peut écarter le constat que les châtiments corporels, qui constituent une forme rationalisée de mauvais traitements, augmentent le risque de lésions physiques et de traumatisme chez l'enfant.

Les châtiments corporels et les lois en vigueur

Les châtiments corporels infligés aux enfants et aux adolescents sont acceptés dans de nombreux pays, parfois légalement ou socialement, parce qu'ils sont considérés comme des coutumes ou des pratiques ordinaires dans les écoles, les institutions ou les maisons de redressement pour délinquants juvéniles.

Pourtant, ils sont en totale contradiction avec la Convention des Nations unies, qui stipule que « les États doivent protéger l'enfant contre toute forme de violence physique ou mentale pendant qu'il est sous la garde de ses parents ou de toute autre personne qui en a la responsabilité ».

La Suède a été le premier pays à légiférer en 1979 en matière de châtiments corporels, en les interdisant sous quelque forme que ce soit. Elle a été suivie depuis par vingt et un autres pays européens, dont la Finlande (en 1983), l'Autriche (en 1989), Chypre (en 1994), le Danemark (en 1997), la Lettonie (en 1998), la Bulgarie et l'Allemagne (en 2000), la Roumanie (en 2004), la Hongrie (en 2005), la Grèce (en 2006), les Pays-Bas et le Portugal (en 2007), puis la Pologne (en 2010).

Dans les pays qui n'ont pas légiféré en ce sens, divers jugements pourraient faire jurisprudence, comme en Italie où la Cour suprême de cassation a indiqué que « l'utilisation de la violence dans un but éducatif n'est plus considérée comme légitime », ou au Royaume-Uni où la Cour européenne des droits de l'homme a rejeté des requêtes émanant de particuliers ou d'établissements éducatifs, alléguant que l'interdiction des châtiments corporels dans les écoles privées portait atteinte à la liberté de religion et au droit à la vie de famille des parents.

Depuis 2008, le Conseil de l'Europe préconise à ses membres d'interdire les châtiments corporels contre les enfants.

▶ IL N'Y A DONC PAS DE « BONNE FESSÉE » ?

En dehors du bien qu'elle peut procurer à celui qui la donne parce qu'il se décharge ainsi de ses propres tensions, notamment l'énervement qu'il peut ressentir devant le comportement de son enfant, ses effets ne sont pas bénéfiques.

D'autant moins que cet apaisement est parfois de courte durée, en l'occurrence lorsqu'il est suivi d'un sentiment de culpabilité, une fois la colère évacuée. C'est que la frontière est mince entre cette pratique impulsive et une vengeance qui cherche à réparer un mal vécu comme une offense.

De nouveau, on peut s'interroger sur ce qui est véritablement sanctionné : le comportement est-il considéré comme inopportun, comme une « bêtise », parce qu'il porte préjudice à l'enfant et à son entourage, ou parce qu'il contrarie ou déçoit le parent ?

Le recours aux châtiments corporels

Il tend à favoriser le développement de trois types de conséquences délétères chez les enfants qui en sont victimes :

1. Une agressivité accrue.
2. La recrudescence de comportements inadaptés.
3. À l'inverse, un tempérament timoré où prévalent l'inhibition et le manque de confiance en soi.

▶ MAIS N'Y A PAS NON PLUS DE « PETITE FESSÉE » !

Une fessée reste une fessée, à savoir une série de coups portés sur les fesses, dénudées ou non, qui comporte toujours, même si elle n'est pas douloureuse, une charge émotionnelle et une dimension humiliante. Or, si la punition ne doit pas porter atteinte à l'intégrité corporelle de l'enfant, sous peine de nuire à son bon développement, il en va de même de son intégrité psychique, au risque de nuire à son développement psychologique. Ces atteintes sont l'apanage de toutes les corrections qui humilient l'enfant.

Les bonnets d'âne ou les mots accrochés dans le dos, qui pourraient sembler d'anodines pratiques, s'avèrent aussi délétères chez des enfants fragiles, notamment lorsque leurs répétitions et les moqueries qu'elles génèrent en font des mesures de harcèlement.

L'humiliation, qui porte atteinte à l'estime de soi, renforce chez l'enfant le sentiment de ne rien valoir, en plus de n'être pas ou plus aimé. Elle favorise de fait la reproduction des conduites négatives et une dégradation de la situation.

Abdou est un garçon de 8 ans qui a du mal à trouver sa place en classe. Son QI (quotient intellectuel) de 158 le classe dans la catégorie des enfants dits précoces. Trop jeune pour s'entendre avec les camarades de sa classe de CM2, qui ont pour la plupart autour de 10 ans, il est souvent en conflit avec eux, et les bagarres éclatent régulièrement dans la cour. Mais il s'ennuie avec les enfants de son âge, et se morfond dans sa classe où des tensions existent aussi avec l'enseignante. Cette dernière refuse parfois de l'interroger (il trouve souvent la réponse avant la fin de la lecture de l'intitulé), bien qu'elle supporte assez mal qu'il n'écoute pas ou qu'il relève avec ironie les erreurs qu'elle pourrait laisser passer. Ne sachant comment venir à bout de son comportement, qu'elle qualifie de puéril, elle a décidé de l'envoyer faire des lignes dans une classe de maternelle…

Décryptage

Cette façon de donner à l'enfant un statut qui le rabaisse et qui n'est pas le sien, signifiant en quelque sorte : « Tu te comportes comme un bébé alors on va te traiter comme un bébé », quand il a justement du mal à se situer, est une forme assez insidieuse d'humiliation.

Enfin, une punition qui se voudrait éducative ne peut reposer sur la peur, car on ne peut pas croire qu'il soit possible de l'utiliser comme un moteur pédagogique. Toutes les études portant sur les facultés qui entrent en jeu dans les mécanismes d'apprentissage mettent en évidence qu'ils seront davantage stimulés dans des conditions de calme, d'assurance et de sérénité. La douleur stimule les mécanismes réflexes mais inhibe le raisonnement et la pensée logique, de même que l'anxiété parasite le traitement de l'information et les mécanismes mnésiques, concourant à diminuer les capacités d'apprentissage.

Le chapitre 3 soulignait l'influence des processus d'imitation et d'identification dans le développement psychologique et affectif de l'enfant. Comment apprendre à un enfant à respecter les autres, à ne pas se battre avec ses camarades, si nous agissons avec lui de manière totalement contraire ?

Les punitions collectives

Une réflexion particulière concerne les punitions collectives. Si, à l'encontre des règlements scolaires, certains enseignants les trouvent parfois utiles lorsque des fautes ont été commises en classe par l'ensemble des élèves ou un groupe suffisamment conséquent pour que quelques innocents soient sacrifiés, il n'en est pas de même dans l'espace familial. Car cette collectivisation des sanctions ne sera pas toujours appropriée. Par exemple, une bêtise peut se produire sans qu'il soit possible d'en établir l'auteur.

La tentation peut être grande de punir toute la fratrie pour s'assurer de toucher le coupable ou de l'encourager à se dénoncer. Si la bêtise n'est le fait que d'un seul enfant, on serait plus avisé de renoncer à les punir tous, tout en marquant bien sa désapprobation des actes condamnés. D'abord parce que cela favoriserait le sentiment d'injustice, déjà bien présent dans les fratries. Ensuite parce qu'il n'est pas judicieux de chercher à culpabiliser un enfant pour qu'il se dénonce, encore moins d'encourager les autres à le faire à sa place, pour éviter la sanction. Cela pourrait aussi donner à certains le sentiment d'un pouvoir particulier : celui de faire punir son frère ou sa sœur en faisant soi-même des bêtises.

▶ LES CONFLITS FRÈRES/SŒURS

Enfin, la punition doit toujours être adaptée à la faute commise, mais également à chaque enfant. En effet, deux frères ou sœurs (et même lorsqu'ils sont jumeaux) sont toujours différents, et si ce n'est pas leur âge ou leur stade de développement, ce sont leurs goûts, leurs compétences, leurs centres d'intérêts respectifs qu'il faudra prendre en considération. Il n'y a donc pas de raison qu'ils aient systématiquement la même peine, d'autant qu'ils ne feront pas forcément les mêmes bêtises et ne seront pas affectés de façon identique par telle ou telle sanction.

Toutefois, lors de conflits entre frères et/ou sœurs, il sera vain de chercher à savoir qui a commencé, même si l'on a le sentiment d'avoir assisté au début de la dispute. Des éléments peuvent nous avoir échappé, et les tensions démarrent bien souvent discrètement ; les premiers cris ou les premiers heurts que l'on perçoit ne sont souvent que l'aboutissement de petites provocations réciproques.

Dans ce cas, aucun parti pris ne convient : ni de condamner le plus grand au prétexte qu'il devrait être le plus sage, ni de blâmer le plus jeune qui, c'est bien connu, embête toujours son aîné… La séparation s'impose : chacun dans sa chambre – ou dans un coin de la maison – pour permettre à l'un et à l'autre de retrouver son calme. On pourra leur proposer ensuite, éventuellement, de réfléchir à ce qu'ils auraient pu faire pour trouver un arrangement sans en venir aux mains.

Ce n'est pas à l'enfant de choisir sa punition

Cela semble évident : on peut choisir un cadeau, mais pas une punition. Pourtant, il arrive que certains adultes laissent à l'enfant l'alternative entre deux sanctions.

Si elle est conçue selon des principes qui cherchent à respecter une certaine dimension pédagogique, elle ne peut l'être que par l'adulte et il n'a pas de choix à laisser. D'autant que cela pourrait donner à l'enfant le sentiment que ses parents ne savent pas vraiment comment s'occuper de lui, et qu'ils ne sont pas très assurés de leurs principes éducatifs. Leur autorité s'en trouverait plus facilement remise en question.

Ce ne doit pas être la colère qui conduit à punir…

L'importance et le rôle des émotions ont été évoqués dans le chapitre 2. Cependant il est nécessaire de rappeler que si la bêtise nous met hors de nous, quand l'enfant la réalise, on ne punit pas parce qu'on est fâché. Car il serait préjudiciable au développement de l'autonomie de l'enfant qu'il ait le sentiment que ce qu'on lui reproche soit justement d'avoir fait de la peine à ses parents.

L'éducation concerne le bon développement de l'enfant, pas le bien-être de ses parents. Ainsi, l'enfant n'apprend pas à faire les choix les plus appropriés pour faire uniquement plaisir aux parents, mais surtout dans son propre intérêt.

Plus important encore, il ne faut pas que les conséquences d'une bêtise se répercutent trop longuement dans le quotidien d'une famille. La sanction, si elle n'est pas elle-même entretenue par la fâcherie, peut en ce sens mettre un terme aux tensions qui découlent d'un mauvais comportement. Il est important de ne pas se séparer fâchés. Comment se déroulera la journée d'école de l'enfant si, pendant tout ce temps, il rumine les ressentiments avec lesquels il a quitté la maison.

ET LES RÉCOMPENSES, DANS TOUT ÇA ?

Un système éducatif équilibré ne peut s'appuyer sur la seule sanction. Les parents ne peuvent se contenter de ne relever que les actions qu'ils jugent mauvaises. L'analyse des séquences comportementales de base mettait en évidence que les conséquences positives agréables renforcent le comportement qui en est à l'origine et potentialise sa répétition.

Aussi, il serait judicieux que les adultes valorisent des attitudes ou des propos qu'ils jugent adaptés ou appréciables s'ils veulent encourager l'enfant à privilégier ce mode d'action. Les récompenses peuvent être aux bonnes actions ce que les sanctions sont aux bêtises.

Les bonnes gratifications

Les meilleures récompenses sont celles qui procurent le plus de plaisir à l'enfant. Cela suppose qu'elles soient adaptées à son âge, c'est-à-dire à son niveau de développement, à sa sensibilité et à ses goûts.

▶ ATTENTION : TOUT N'EST PAS MATÉRIEL

Un cadeau matériel ne constitue pas toujours une bonne récompense. Un cadeau est avant tout ce que l'on offre (que le support soit matériel ou non) pour faire plaisir. Ce plaisir peut venir d'un compliment, de moments de tendresse ou de câlins, de temps passé à jouer ensemble.

Les compliments, les paroles encourageantes, le temps que l'on va consacrer à l'enfant pour lui faire plaisir sont les premières des gratifications. Ce sont les premières auxquelles le nourrisson sera sensible, bien avant qu'il ne prenne conscience de ce qu'un cadeau représente symboliquement.

Ces intentions sont également les plus importantes, car ce dont un enfant a besoin, quel que soit son âge, c'est essentiellement d'amour et de reconnaissance.

De telles considérations peuvent sembler naïves à une époque où l'on offre à des enfants de 3 ans des tablettes tactiles et autres consoles de jeux portables en guise de cadeaux. Car la notion de plaisir semble de plus en plus souvent réduite à la notion de possession.

La société actuelle, nourrie à l'idée que le progrès est avant tout technologique, donc associé au développement d'objets de plus en plus sophistiqués, en favorise la consommation ; et l'intérêt porté à l'objet lui-même tend à prendre le dessus sur ce qu'il permet de faire. Or initialement, ce qui va plaire à l'enfant, ce n'est pas de détenir le dernier jouet à la mode, mais de pouvoir s'amuser avec. C'est le jeu qui prime sur le jouet, qui n'est que le support grâce auquel on s'amuse.

Ce qui est important pour un enfant qui apprend à dessiner, c'est de tracer des formes de plus en plus élaborées, de mélanger les couleurs, de colorier sans dépasser et ainsi de réaliser de beaux dessins, que ce soit sur des feuilles de papier ou sur un écran d'ordinateur…

Or les adultes, conditionnés par leur propre fascination pour les objets high-tech, ont l'impression de faire davantage plaisir à l'enfant si ce qu'ils ont acheté correspond à ce qu'il y a de plus récent.

Combien de pères s'extasient sur le dessin de leur fils, non parce qu'ils le trouvent magnifique, mais parce qu'il a été réalisé sur la dernière tablette tactile commercialisée.

Plutôt que d'écraser les enfants sous une multitude de jouets qui finiront dans des armoires, il est possible de privilégier d'autres types de récompenses. Des activités agréables et distrayantes que parents et enfants pourront partager en fonction de ce qui plaît le plus à l'enfant, de ce qu'il aime ou rêve de faire. Une journée dans un parc d'attractions, un après-midi où l'on aura réuni ses meilleurs amis ; une promenade au grand aquarium pour s'extasier devant les monstres marins... Solliciter l'avis de l'intéressé sera judicieux, et si on veut lui en faire la surprise, le choix portera sur les activités qu'il apprécie.

Pour éviter de transformer cette récompense en pensum, il est indispensable de prendre en considération ses centres d'intérêt et ses goûts, en tenant compte de son âge. Le piège à éviter est que l'adulte choisisse quelque chose qui l'intéresse exclusivement. Ce qui prime, c'est le temps consacré à l'enfant que l'on veut récompenser, que ce soit pour jouer avec lui ou lui faire découvrir de nouvelles activités. Ce temps partagé, au cours duquel son père ou sa mère lui accorde tout son intérêt, est souvent la plus agréable des récompenses. Si le choix des activités est bien adapté à l'âge de l'enfant, cela contribue en outre à stimuler son développement affectif et physique.

> ····➤ Victor est un garçon de 9 ans qui rencontre des difficultés scolaires. Les seules activités qu'il partage avec sa mère sont les devoirs qu'il rechigne à faire seul. Victor adore la musique, et les cadeaux qu'il préfère sont les disques qu'on lui offre. Mais ces présents ne favorisent qu'un plaisir solitaire et peu stimulant sur le plan du développement.
>
> De fait, Victor n'apprécie guère les activités physiques et peu de choses lui font vraiment plaisir. Il s'est ainsi développé une dynamique particulière qui rend problématique la possibilité de le contenter et

qui, dans le même temps, plonge ses parents dans la perplexité lorsqu'il s'agit de le punir. Plus grave encore, le peu d'intérêt qu'il trouve dans les choses de l'esprit ne stimule pas son envie d'apprendre.

Lui donner des responsabilités

Des recherches en psychopédagogie menées chez l'enfant ont montré que le fait d'obtenir des responsabilités était aussi perçu comme une récompense, même dans les tâches les plus quotidiennes. Un peu à l'image de ce qui se passe pour les adultes, lorsque la reconnaissance de leurs qualités professionnelles se traduit par une promotion et de nouvelles fonctions au sein des entreprises dans lesquelles ils travaillent.

Certes, le regard que l'on porte sur les tâches en question, et le vécu que l'on en a, jouent également un rôle. Il est évident que si pour les parents, descendre la poubelle ou sortir le chien est une corvée, l'enfant aura surtout l'impression qu'on l'utilise en se déchargeant sur lui de ce qui nous ennuie.

En revanche, s'il se sent investi d'une mission lorsqu'il s'agit de promener son compagnon domestique, si acheter le pain traduit la reconnaissance de ses progrès en matière d'autonomie (compter la monnaie, se débrouiller seul, être prudent en traversant la route…) ou si l'autorisation de jouer avec ses copains dans la cour et de rentrer plus tard est en lien direct avec la confiance dont on l'honore, chaque nouvelle liberté acquise sera reçue comme un précieux présent.

À l'inverse, le retrait d'un avantage récemment acquis sera aussi mortifiant que n'importe quelle autre sanction. Cette équation : retrait d'une récompense = punition, vient mettre en lumière ce que nous détaillerons plus tard, à savoir qu'il est plus efficace de récompenser que de punir.Bien sûr, les récompenses affectives n'empêchent pas les cadeaux matériels.

Remarquons d'ailleurs que le caractère même de « cadeau » contribue à valoriser ce qui est donné. Ainsi, un livre offert (surtout s'il est choisi en fonction des goûts de l'enfant) aura bien plus de valeur qu'un ouvrage acheté parce qu'il fait partie des lectures obligatoires pour l'école.

C'est le bon dosage qui compte

De même, la rareté participe aussi à l'importance de ce que l'on offre. Un enfant que l'on couvre de cadeaux ne risque pas nécessairement de perdre le goût des présents, mais d'être de plus en plus difficile à contenter. Il sera de fait chaque fois plus compliqué de trouver quelque chose pour le surprendre et lui faire plaisir, et ce plaisir durera moins longtemps, car l'accoutumance crée la nécessité d'un nouveau plaisir, donc d'un autre cadeau.

S'il n'y a aucun inconvénient à encourager et à féliciter aussi souvent que possible un enfant (dans la mesure où cela se justifie), il existe en revanche un autre risque à l'excès de récompenses matérielles. En effet, l'enfant pourrait s'habituer à ne plus faire les choses que dans le seul but d'obtenir une récompense. Ce qui peut devenir un vrai problème quand l'autonomie de l'enfant est en jeu, ou qu'il s'agit de lui faire prendre conscience que ce qu'il entreprend, il le fait avant tout pour son bien à lui.

▶ UN CADEAU POUR UNE BONNE NOTE ?

Un bon exemple est fourni par les apprentissages scolaires. Bien travailler à l'école n'a pas pour seule finalité de faire plaisir aux parents et d'obtenir un cadeau. Outre le plaisir de bien faire et d'être valorisé aux yeux de son entourage, l'enfant tire aussi une satisfaction à se découvrir des capacités nouvelles, à les expérimenter et à en jouir.

La récompense ne risque-t-elle pas de donner un caractère extraordinaire à quelque chose qui devrait rester ordinaire, ou comme allant de soi ? On peut considérer qu'il est normal de bien étudier à l'école, et qu'obtenir de bonnes notes constitue en soi une gratification adaptée et donc suffisante.D'autant qu'à l'école, on a aussi le droit à l'erreur. Ne pas réussir un exercice participe au mécanisme d'apprentissage : lorsqu'on se trompe et qu'on analyse son erreur, on stimule des mécanismes de compréhension qui permettent la fois suivante de réussir un exercice plus difficile !

D'où les choix éducatifs qui peuvent en découler : considérer qu'il n'est pas adapté de récompenser chaque bonne note va de pair avec l'idée de ne pas davantage sanctionner chaque mauvais résultat, si l'on pense également que le plaisir de la réussite est une récompense en soi, et que le désagrément occasionné par une mauvaise note peut servir à lui seul de leçon.

Or, pour que cela fonctionne ainsi, il est nécessaire que chaque enfant trouve suffisamment de plaisir dans la réussite scolaire. Trop d'enfants vont à l'école comme leurs parents vont au bureau ou à l'usine… avec le sentiment d'une corvée à réaliser. Ne dit-on pas trop souvent – et à tort – que les enfants vont travailler à l'école ? Eh bien non ! les enfants ne vont pas à l'école pour travailler. Ils y vont pour apprendre !

Et plus cet apprentissage sera perçu comme ludique, plus l'enfant trouvera du plaisir à apprendre et plus il sera bon élève. Lorsqu'on voit la joie qu'un enfant peut ressentir et exprimer quand il gagne à un jeu ou trouve la solution d'une énigme, on comprend que si chaque exercice réussi est vécu comme une victoire, toute bonne note est susceptible d'apporter un plaisir gratifiant. Et d'autant plus si l'enfant perçoit que cela constitue également une source de satisfaction pour ses parents. Il n'est donc jamais inutile de manifester son approbation. D'où cette attitude qui consiste à ne pas récompenser systématiquement chaque bonne note d'un cadeau, mais ne jamais négliger d'en louer et d'en féliciter l'auteur. Cela ne dispense pas d'offrir une surprise en fin d'année, pour récompenser l'enfant d'une période scolaire qui s'achève glorieusement.

À cette nuance près que si le parent est content, il doit l'être avant tout pour l'enfant (il est content que l'enfant le soit et satisfait qu'il ait appris des choses) et non pour lui-même sous l'influence d'un sentiment d'autosatisfaction, qui fait de l'enfant l'objet de sa fierté narcissique.

Observé à la terrasse d'un café

Alex, un grand adolescent, présente à son père ses résultats au bac. À sa mine, on devine qu'ils ne sont pas brillants… C'est peu dire ! Le père entre dans une colère folle.

« C'est quoi, ces notes ? Tu te moques de nous ! Après tout ce qu'on a fait pour toi. Et le voyage en Italie, qu'on t'a offert pour travailler la langue ?! C'est comme ça que tu nous remercies ?... »

Décryptage

Ce bref échange illustre plusieurs choses. Trop souvent, les parents (et les enfants eux-mêmes) gardent le sentiment que ces derniers redevables à leurs ascendants, doivent s'acquitter de leur dette en leur faisant plaisir, notamment par leurs bonnes actions.

À ce titre, la bonne note devient le cadeau dont l'enfant doit gratifier ses parents pour les remercier de ce qu'ils font pour lui, même s'ils tiennent un discours inverse (« tu travailles pour ton avenir, pour avoir un bon métier plus tard... »).

Or les notes (et, de façon plus générale, la réussite à un examen) ne sont que des évaluations qui traduisent simplement que l'exercice a été bien compris, la leçon apprise ou que l'ensemble des enseignements pour passer dans la classe supérieure (ou accéder aux études universitaires) est maîtrisé.

Trop souvent, notamment lorsque les relations parents/adolescent sont compliquées, ces notes deviennent l'enjeu des conflits, et un des moyens que l'enfant utilise inconsciemment pour ennuyer ses géniteurs.

Pierre, un chercheur aujourd'hui très estimé dans son milieu professionnel, explique le regard que portait son père sur ses devoirs : « Bonnes ou mauvaises, mon père n'a jamais fait de commentaires sur mes notes. En revanche il veillait toujours à ce que je fasse mes devoirs, et que j'ai, pour cela, tout le matériel qui m'était nécessaire : cahiers, crayons, et même le moindre livre qui semblait m'intéresser ou susceptible de m'être utile, ainsi qu'un espace dégagé sur la table de la salle à manger. »

Pour conclure sur la question des notes à l'école, on pourrait faire ce parallèle avec le code pénal : l'enfant, pas plus que l'adulte, ne doit écoper d'une double peine. La mauvaise note est déjà une punition ; si la maîtresse a sanctionné l'enfant une première fois, il n'est pas nécessaire de le faire à nouveau.

On pourra se contenter de commentaires sur la manière dont les révisions ont été conduites, ou d'une réflexion sur les moyens à mettre en place pour améliorer les prochains résultats. Ces remarques peuvent s'étendre à d'autres situations : si un enfant a été puni chez sa grand-mère, il n'y a pas de raison qu'il le soit à nouveau une fois de retour à la maison.

Enfin, de même qu'il est normal de se laver les dents tous les soirs, ou de participer à certaines tâches quotidiennes, il n'est pas justifié de gratifier un enfant qui fait sans rechigner ce qu'on vient de lui demander (au risque qu'il soit tenté, les fois suivantes, de marchander sa participation). En revanche, rien n'empêche de rendre toutes ces obligations les plus agréables possibles (en les présentant sous forme de jeux, en laissant choisir le parfum du dentifrice ou la couleur de la brosse à dents…) Exemples : une chambre à ranger ? Des enfants qui traînent pour s'habiller ? On organise une course entre frères et sœurs, le 1er habillé a gagné, le 1er qui a rangé est victorieux ! Autre exemple : un chahut s'installe à table, vite, on organise un « roi du silence » : celui qui restera silencieux le plus longtemps est le « Seigneur de la Tablée. »

Dans des périodes plus difficiles où l'enfant a besoin d'être soutenu et encouragé, lorsque l'acquisition de telle ou telle chose lui demande un surcroît d'effort, la récompense peut se justifier, indiquant que les parents ont conscience de son investissement et en sont satisfaits.

QUELQUES EXEMPLES DE SANCTIONS ÉDUCATIVES

Il existe plusieurs modalités de sanctions dont la visée est surtout éducative. Elles doivent permettre de souligner les limites, de participer à la compréhension de ses erreurs, de favoriser le développement de l'autonomie et du libre arbitre et, grâce à cela, d'éviter la récidive.

La prise en compte de la faute

« Faute avouée est à moitié pardonnée ». L'adage, s'il est effectivement suivi par les parents, n'est pas dénué d'efficacité : l'aveu de la faute peut être considéré comme une sanction en soi. C'est en tout cas le préalable qui permet de rappeler les limites que l'on ne doit pas franchir et favoriser le sentiment de pouvoir être pardonné.

▶ L'ÉVOCATION OU L'ENREGISTREMENT DU NON-RESPECT D'UNE RÈGLE

Il est important que l'enfant puisse reconnaître sa faute. Il ne s'agit pas bien sûr de lui faire avouer coûte que coûte, dans ses moindres détails, ce qu'il a fait ni les raisons pour lesquelles il a agi ainsi. Bien souvent, par crainte d'une punition trop sévère, il éprouvera une grande difficulté à le faire. Aussi peut-on l'accompagner dans cette démarche en décrivant ce qu'on a pu constater ou en faisant des hypothèses sur ce qu'on imagine.

« Il n'y avait que toi dans la pièce quand c'est arrivé, donc je ne vois pas qui d'autre ça pourrait être… »

« Parfois, on préfère vite oublier ce dont on n'est pas fier, mais moi j'aimerais comprendre… »

« Peut-être que c'est arrivé comme ceci…, ou comme cela. »

«… mais je ne suis pas d'accord avec cela…, pour ces raisons-là… »

Il pourra s'agir d'une simple évocation des faits ou de leur enregistrement, de façon plus officielle, suivant la gravité de l'acte, son caractère singulier. Pour les plus dissipés, on pourra imaginer un carnet de sanctions sur lequel seront rapportés d'une croix les jours avec bêtises et les jours sans.

Cette consignation des faits permettra également de s'interroger sur ce qui aurait pu être fait à la place.

L'isolement

Dans de nombreuses situations où la violence des réactions l'emporte : colère, caprice, agitation, pleurs, la première chose à rechercher est un retour au calme. L'isolement, qui a pour fonction de mettre à distance, à la fois physiquement et émotionnellement, les facteurs qui entretiennent ou exacerbent le comportement de l'enfant, constitue en soi une sanction adaptée.

Avec les plus petits, on peut se contenter de suspendre transitoirement l'attention qu'on leur porte habituellement, l'intérêt qu'on leur manifeste et la proximité relationnelle étant leurs principales satisfactions. Pour les plus grands, on aura le choix entre : la chaise pour se calmer et le « coin » pour réfléchir.

Ces lieux n'ont pas pour objectif d'humilier l'enfant, mais de lui permettre de se calmer, voire de réfléchir à ce qu'il a fait. Il ne s'agit pas de l'installer effectivement dans un angle de la pièce, mais plutôt dans un endroit où il ne risque pas d'être stimulé. D'où la nécessité (relative) qu'il se trouve face à un mur et à distance de jouets ou de source de distraction.

La réparation

Les excuses constituent une forme symbolique et affective de réparation. Présenter ses excuses demande souvent un effort émotionnel qui n'est pas anodin. Cela peut prendre une forme plus officielle lorsqu'elles sont assorties de l'engagement à ne pas recommencer.

Le contrat est une autre modalité symbolique de réparation. L'engagement peut être oral ou écrit. La dimension symbolique joue un rôle important, et, dans le même temps, laisser une trace écrite mobilise physiquement, en limitant la récidive.

▶ LA RESTAURATION ET LA COMPENSATION

Recoller ce qui a été brisé, nettoyer ce qui a été souillé… sont autant de mesures concrètes qui mobilisent physiquement et affectivement, tout en amoindrissant les conséquences directes de la faute. Cependant, les séquelles rappellent ce qu'il s'est passé.

Le remplacement ou le rachat ont pour vocation d'effacer totalement les conséquences de la bêtise, du moins dans son aspect matériel. On substitue à l'identique ce qu'on a dégradé, à cette nuance près que la dimension affective ne se remplace pas. On y pourvoira avec son argent de poche, ou en fournissant un autre jouet similaire. Ce qu'on donne en remplacement n'est pas strictement pareil, mais vient compenser ce qui a été abîmé.

Les privations

De sorties, de jeux vidéo ou de télévision… C'est le mode de sanction le plus souvent utilisé chez la plupart des parents. Il consiste à punir l'enfant en le privant de quelque chose qu'il apprécie tout particulièrement.

La privation doit être bien pensée : priver l'enfant de quelque chose qui ne l'intéresse pas n'a aucune portée et pourrait même discréditer le parent. Il s'agit de toucher à quelque chose qui ne soit pas indispensable à son bon développement mais qui revête tout de même une réelle importance pour lui.

L'intention, bien sûr, n'est pas de le mortifier ni de chercher à lui faire le plus de peine ; il faut juste que cela ait du sens et représente quelque chose pour lui. La télévision, comme les jeux vidéo, constituent à ce titre des cibles idéales ! Loin d'être indispensable à leur développement intellectuel, leur utilisation procure un plaisir dont la suppression momentanée n'occasionnera qu'une relative frustration.

On pourra également penser aux sorties, aux privilèges ou aux responsabilités gratifiantes que l'on pourra suspendre provisoirement. Il sera toujours possible d'en bénéficier à nouveau une fois la sanction levée.

Ces sanctions réellement punitives doivent rester relativement rares, et ne s'imposer que lorsque les premières mesures n'ont pas suffi, et que des fautes plus graves sont commises.

On ne saurait qu'encourager à éviter la surenchère punitive.

▶ ATTENTION À NE PAS TOMBER DANS L'EXCÈS

Certains pourraient découler d'idées voisines de celles évoquées précédemment, mais sous une forme excessivement radicale.

Ainsi, lorsqu'on isole un enfant pour le punir, il est tout à fait inopportun de l'enfermer dans un lieu sombre ou qui fait peur, de même qu'il est vivement déconseillé de le couper des moments forts et importants de la vie familiale.

Il est donc hors de question de l'enfermer dans un cagibi, de l'exclure de la totalité du repas ou de le cloîtrer à la maison quand toute la famille se rend à une sortie qui plaît à tous. Dans le même ordre d'idées, il ne s'agira pas de lui faire rembourser en totalité un bien dont la valeur pourrait excéder « dix années d'argent de poche » ! Ici également, la participation est essentiellement symbolique.

Concernant les privations, nous avons souligné qu'elles ne doivent **jamais porter sur des besoins fondamentaux** : pas de privation de dessert, de sport ou de l'activité artistique préférée. Mais il est également important qu'elles ne soient pas imposées pour des durées excessives, ou pire, sans que son échéance soit précisée. Pas de privation « jusqu'à nouvel ordre ! »

Et la gifle ?

- Nous ne reviendrons pas sur les châtiments corporels. Tous les chapitres précédents ont mis en évidence qu'outre leur inefficacité ils pouvaient être délétères pour l'enfant, non seulement dans son développement psychique et affectif mais aussi dans celui de son sens des responsabilités.
- Des nuances peuvent être rappelées. Donnée sous l'impulsion de la peur, lorsque Laura a traversé sans regarder au passage d'une voiture, ou sous la poussée de la colère, parce que la même faute se répète pour la énième fois, **la gifle n'a pas de valeur éducative, mais elle peut nous échapper.**
- **Si on la regrette, on pourra pertinemment le dire à l'enfant.** Cela ne relativise pas sa bêtise à lui, ni ne remet en question la sanction, mais cela permet d'illustrer ce qui pourrait servir de leçon : les adultes aussi peuvent se tromper ; il importe de savoir le reconnaître, de pouvoir présenter ses excuses et de ne pas persévérer dans l'erreur.

8

DANS QUELLES SITUATIONS PUNIR ?

Le quotidien fourmille de situations plus compliquées à gérer les unes que les autres. Des questions fréquentes viennent tarauder les esprits : comment venir à bout de ces moments où la patience est mise à rude épreuve, où les bêtises s'accumulent ?

Comment éviter qu'elles ne se reproduisent ? La punition se présente à l'esprit de tous comme la réponse la plus évidente, la plus habituelle, parfois même comme le seul recours. Avant tout, il faudrait parvenir à anticiper les comportements inopportuns afin de les éviter, ou tâcher d'en comprendre les mécanismes originels pour y répondre de façon plus adaptée.

Tout l'art de l'éducation consiste à osciller entre prévention des situations à risque et mise à profit des expériences – même les moins avantageuses – qui peuvent secondairement se montrer bénéfiques. De la même façon que bon nombre de situations contrariantes peuvent être évitées, certaines bêtises s'avèrent parfois des expériences profitables. **Alors, comment réagir** ?

À LA MAISON

La présence d'un jeune enfant à la maison justifie des aménagements auxquels il faudra se soumettre. À moins de vouloir cantonner l'enfant à son lit à barreaux ou à son parc, ce qui n'est pas le mieux pour son développement psychomoteur, le salon ou la salle à manger deviennent un lieu d'explorations qui peut vite se transformer en champ de bataille, si l'on n'est pas vigilant.

Les touche-à-tout

Entre 1 an et 3 ans, l'enfant est en pleine période d'exploration.

Thibault a 13 mois. Sa marche est encore hésitante, mais la prise de conscience des possibilités nouvelles que lui donne cette capacité motrice a boosté son désir de découverte. Ainsi, il a découvert que les meubles avaient des tiroirs regorgeant de trésors insoupçonnés.

Entre le désordre qu'il occasionne et la crainte qu'il ne se coince les doigts en refermant les tiroirs, sa mère alterne les « non, c'est interdit ! », lorsqu'elle est à distance, et les tapes sur la main pour le dissuader de recommencer. Pour autant, le comportement de Thibault ne change pas et comme il ne semble pas comprendre, sa mère est bien tentée de frapper plus fort...

Finalement, ce qu'elle redoutait se produit : un cri, des pleurs, et un doigt qui s'est pris dans la fente du tiroir. Pourtant, quelque temps après, il y a fort à parier que Thibault repartira à la conquête de nouveaux tiroirs...

Décryptage

La douleur ne dissipe pas le désir, et l'expérience ne fait pas renoncer au besoin d'investigation : mû par sa pulsion d'exploration, l'enfant va poursuivre ses jeux de découvertes. Bien que cette expérience douloureuse l'engage à plus de prudence, l'enfant de cet âge ne fait pas toujours le lien entre la douleur qu'il ressent et ce qui en est à l'origine.

Il sera donc judicieux de commenter avec compassion ce que l'enfant vient de vivre pour l'aider à établir des corrélations (évoquer ce qu'il peut ressentir, ce qui en est la cause et ce que l'on peut faire pour le soigner : « Ouille ouille ouille, tu as mal au doigt, c'est le tiroir qui s'est refermé sur ta main, on va te mettre de la pommade et faire un bisou... »), mais il serait illusoire de croire que cela le dissuadera de continuer à toucher à tout.

La prévention à cet âge est surtout affaire d'organisation : un petit loquet sur les portes que l'on ne veut pas voir s'ouvrir inutilement ou se refermer malencontreusement sur des petites mains innocentes ; les objets fragiles relégués au sommet des meubles les plus inaccessibles ; bref, des périmètres « sécurisés » dans lesquels les enfants vont pouvoir évoluer, se déplacer, jouer, et pas seulement à leur gré, mais en respectant des limites définies.

Il ne s'agit pas tant de cacher ce qui pourrait les tenter, que de leur permettre de comprendre qu'ils sont encore trop petits pour y toucher, en leur proposant une alternative qui convient à leur âge.

Lara est sur les genoux de sa mère qui discute avec une amie. Les échanges vont bon train quand Lara commence à jouer avec les mégots éteints dans le cendrier. Sa mère lui intime fermement d'arrêter tout en lui donnant une petite tape sur le dos de la main pour lui faire lâcher celui qu'elle avait saisi. Le temps de reprendre leur conversation, la petite espiègle en porte déjà un autre à la bouche. Cette fois, la tape est plus forte et les cris de maman plus explicites : « Non, mais ça ne va pas ? Lâche ça tout de suite, c'est caca ! »

La punition tombe : Lara est « consignée » dans sa chaise haute, où elle essaie tant bien que mal de soulager ses pleurs pendant que sa mère tente d'oublier sa propre contrariété en faisant la sourde oreille et en s'efforçant de reprendre sa conversation comme si de rien n'était.

Décryptage

Lara, comme tous les enfants de son âge, a du mal à renoncer à satisfaire son désir : ses besoins (ici celui de jouer, aussi essentiel sur le plan psychique et affectif que manger l'est pour grandir) nécessitent d'être comblés. Il n'est donc pas étonnant que Lara, malgré la tape qu'elle a reçue, essaie de nouveau de s'emparer de ce qui la tente. D'autant que la petite fille, qui joue à imiter sa mère, trouve là un moyen de détourner vers elle l'attention consacrée à une autre (l'amie en question).

Halte aux tapes !

Les tapes sur la main de l'enfant, qui préludent aux fessées qu'on lui donnera plus tard lorsqu'elle aura grandi, sont donc inutiles. D'autant qu'elles sont perçues par Lara comme un jeu, dont la règle simple n'est pas sans rappeler celui auquel jouent les plus grands dans la cour de récréation : elle tend la main (pour toucher l'objet défendu), maman fait les gros yeux et frappe la menotte espiègle ; elle l'enlève, puis elle retend la main et maman réagit à nouveau ; elle se fâche et tape derechef, peut-être un peu plus fort…

Et ainsi de suite, sans que cela permette d'instaurer des limites. Certes, si la douleur devient trop intense, elle mettra un terme au « jeu » par des pleurs et tout cela finira dans la bouderie et la fâcherie. Mais ce que l'enfant va retenir, c'est la douleur, la frustration, pas nécessairement l'interdit de toucher tel objet particulier.

Mais les tapes ne sont pas seulement inutiles, elles pervertissent aussi les relations. Car ce « jeu », s'il est pratiqué régulièrement, favorise le fait que l'enfant intègre la douleur comme un élément propre à la relation mère/enfant : faire mal est alors perçu comme une modalité relationnelle au même titre que certains soins plus ou moins agréables, comme lorsqu'on lui lave la tête et qu'un peu de savon coule dans les yeux, ou qu'on lui coupe les ongles et qu'on le blesse malencontreusement…

L'intégration de cette composante douloureuse dans la relation affective pourra s'appliquer par la suite à bien d'autres situations : c'est la petite copine que l'on mord ou que l'on pince, le papa que l'on gifle pour lui faire une caresse, le chat auquel on tire la queue pour jouer, ou le petit frère que l'on serre *très très très* fort pour lui faire un câlin…

Le « NON » suffit, et il n'a pas besoin d'être accompagné de cette tape, même « toute petite », s'il est associé au retrait de l'objet qu'on ne veut pas que l'enfant utilise, et qu'il est remplacé par autre chose qui viendra satisfaire son besoin de découverte : un jouet autorisé ou tout objet qui ne risque pas de se casser ni de blesser l'enfant, mais aussi, bien sûr, une activité ou toute autre proposition susceptible de répondre à ses attentes.

La grande sœur attentionnée

Depuis sa naissance, Pamela n'a d'yeux que pour sa petite sœur. Elle l'embrasse à qui mieux mieux, veut s'en occuper à tout bout de champ, lui donner le biberon, et la porter dans ses bras. Pour éviter toute jalousie, sa mère avait tenu à annoncer au plus tôt la venue d'une petite sœur afin de la responsabiliser. Aussi, c'est avec un œil plutôt rassuré qu'elle observe le comportement prévenant de son aînée.

Petit à petit, cependant, l'empressement de Pamela est devenu de plus en plus envahissant ; malgré les geignements du bébé, elle est toujours après elle pour un baiser ou un câlin, et menace même de faire une colère quand on lui demande de laisser sa petite sœur tranquille, ou qu'on refuse de la laisser lui donne le biberon. Si bien que les parents n'osaient presque plus s'opposer à ces marques d'attention, jusqu'au jour où malencontreusement, peut-être parce que le bébé se tortillait plus que d'habitude, il a glissé des bras de Pamela.

La mère est entrée dans une colère noire, sans doute causée par la peur de ce qui aurait pu arriver et de culpabilité d'avoir laissé les choses évoluer ainsi. La claque est tombée, la punition aussi, avec l'interdiction dorénavant de toucher au bébé... Privé de bébé comme on est privé d'un jouet ?

Décryptage

La jalousie peut s'immiscer et s'exprimer de façon insidieuse dans les relations fraternelles. Le baiser trop appuyé, le câlin un peu étouffant, peuvent être des marques, pas toujours conscientes, d'agressivité, comme peut l'être le lâchage malencontreux d'un bébé...

Dans cette situation, l'apprentissage précoce des limites suppose que chacun occupe la place qui est la sienne. Les parents sont les parents – ce sont eux qui s'occupent des enfants –, et les enfants sont les enfants – les différences d'âge entre frères et sœur ne donnent pas aux uns des prérogatives ou des responsabilités sur les autres.

Lætitia se souvient que pour préparer la venue de son cadet, elle avait expliqué à l'aîné qu'il allait bientôt avoir un petit frère avec qui il allait pouvoir jouer. Elle avait omis de préciser qu'il faudrait pour cela qu'il attende non seulement les neuf mois passés dans le ventre, mais aussi deux bonnes années pour qu'il soit en mesure de taper dans un ballon ! Elle s'est réjouie que Ryam se montre câlin avec son frère et veuille jouer avec lui, mais elle lui a expliqué rapidement que ce n'était pas possible.

Car justement, on ne joue pas avec un bébé. On s'en occupe, on le soigne, on le distrait éventuellement avec son hochet ou ses propres jouets, mais ce n'est ni un compagnon de jeu ni un poupon avec lequel on s'amuse.

Pour parer à toute jalousie, Lætitia n'oublie pas de continuer à passer du temps avec Ryam quand son mari s'occupe du bébé, ou à s'intéresser régulièrement à ses réalisations. Cependant, comme Ryam demandait régulièrement à s'occuper de son frère, plutôt que de jouer à ses propres jeux, Lætitia a eu l'idée de lui acheter un poupon. Ce n'était pas tout à fait du goût de son père, mais Ryam a pu comme cela pouponner en même temps que sa mère...

Cependant, ce jeu ne l'a pas amusé longtemps (au grand soulagement de son père) : le poupon a fini démembré la tête en bas et les cheveux hirsutes dans la caisse à jouet...

À table !

Les motifs de conflits ne manquent pas au cours des repas, lesquels devraient pourtant rester des moments conviviaux. Nous ne reviendrons pas sur la nécessité, évoquée au chapitre 4, de tenir compte de l'âge de l'enfant et de son développement affectif et psychomoteur pour comprendre certaines de ses réactions qu'on aurait trop rapidement tendance à interpréter comme des bêtises.

Le déroulement même du repas peut susciter des comportements que les parents vont difficilement tolérer, comme lorsque l'enfant pose des problèmes pour manger. Or les repas constituent des moments d'échanges dont l'intérêt n'est pas que de s'alimenter. Lorsque des conflits se déclarent régulièrement au cours de ces périodes de regroupement familial, on en vient à redouter les moments de tension qu'ils représentent.De plus, par le biais du plat qu'il accepte ou refuse, l'enfant s'aperçoit qu'il peut manifester son opposition, son mécontentement ou toute émotion qu'il veut faire ressentir à l'adulte.

Ainsi, le comportement alimentaire peut devenir un mode d'expression des émotions. Le risque augmente de développer à long terme de vrais troubles alimentaires, allant de l'absence de plaisir à manger à des blocages plus importants pouvant faire le lit de manifestations anorexiques à l'âge adulte.

Bien manger et manger bien

Pauline a 4 ans. C'est une petite fille très difficile en matière d'alimentation : elle n'aime que les féculents, n'accepte le jambon que lorsqu'il est accompagné de purée, refuse catégoriquement de manger du poisson...

Sa mère, désireuse qu'elle mange de tout, multiplie les propositions : prépare parfois plusieurs menus pour être sûre qu'elle en acceptera au moins un. Elle s'inquiète aussi beaucoup à l'idée que Pauline ne mangera rien, lorsqu'elle ira à la cantine. C'est pourquoi les conflits explosent régulièrement. Martine, excédée des « caprices » de sa fille, se fâche, la force à ingurgiter ses haricots, et tout cela finit au lit, sans manger...

Décryptage

Le désir de faire manger de tout à l'enfant est motivé par celui d'être un bon parent, donc de proposer à l'enfant tout ce dont il a besoin. Tout le paradoxe est là : par souci de bien faire, pour être sûr qu'elle mange de tout, un choix (trop) important est proposé à Pauline, mais le goût même de l'enfant en vient à être ignoré ou source de conflit. Or le goût est un sens qui se développe.

À 4 ans, Pauline n'a encore qu'un registre restreint au niveau de ses préférences. Par ailleurs, à cet âge, les enfants préfèrent les aliments plus faciles à mâcher et à digérer.

Si l'on attend d'un parent qu'il apporte à son enfant (tout) ce dont il a besoin, il ne doit pas pour autant réaliser à sa place ce qu'il lui appartient d'accomplir. Faire les courses, préparer les repas et les servir (tant que l'enfant est trop petit pour se servir lui-même) sont par exemple dans ses attributions, mais pas de manger à la place de l'enfant, ni de décider de ce qu'il aime ou n'aime pas.

▶ ET POURQUOI FAUDRAIT-IL QU'IL MANGE DE TOUT ?

Qu'est-ce qui est le plus important ? Que l'enfant mange des épinards et des aliments qui le dégoûtent ou qu'il grandisse et se développe bien ? Qu'elle ait le nombre de calories suffisant à ses besoins et les divers nutriments nécessaires à son métabolisme ne font aucun doute : Pauline est une belle enfant qui ne présente pas de retard de développement, son poids et sa taille sont tout à fait en concordance avec son âge. Pour en avoir le cœur net, les parents ont pris l'avis de leur médecin de famille, qui a pu comparer les mensurations de l'enfant avec les courbes de croissance générales. Il n'y avait effectivement pas à s'inquiéter de ce qu'elle mange. Tout au plus le praticien s'est-il assuré que dans l'éventail de ce qu'elle aime, on retrouve tous les nutriments nécessaires. Elle n'aime pas les légumes verts ? Bon. Risque-t-elle de manquer de fibres ? Non, car il y en a en quantité dans les fruits qu'elle adore. Elle ne mange jamais de « vrai » poisson ? Qu'à cela ne tienne : il y en a d'excellents panés, et le jambon contient les protéines nécessaires à son développement musculaire.

Le goût est un sens qui se développe et se stimule. La fonction du parent sera d'accompagner le développement de ce sens, en sachant rester souple, sans basculer dans l'autoritarisme. Plutôt que de forcer un enfant à manger des choses qui le rebutent *a priori*, on gagnera à l'encourager à goûter de tout. La différence n'est pas que dans les termes, mais bien dans la façon de procéder : il s'agira de goûter les plats ensemble (si le « une cuillère pour maman, une cuillère pour Pauline » n'est plus un jeu avec lequel on peut solliciter l'enfant dès qu'il tient seul sa fourchette, on pourra en revanche lui manifester tout le plaisir qu'on a à savourer ce qu'on lui a préparé), d'associer à ceux qu'il aime de nouveaux aliments à découvrir, de toujours lui proposer de goûter, en insistant un peu si nécessaire (« au moins une bouchée ou deux ») mais sans jamais menacer de représailles.

On évitera toutefois de préparer pour l'enfant (en prévision de ses refus) plusieurs repas, de fait différents de ceux réalisés pour les

L'attention sélective

Bien souvent, le parent appelle l'enfant pour le repas alors que ce dernier est occupé à autre chose. Or entendre et écouter ne correspondent pas aux mêmes fonctions. Si l'enfant perçoit bien que sa mère a dit (plus ou moins fort) quelque chose, il ne va pas forcément l'intégrer comme une consigne à laquelle il faut répondre immédiatement.

Absorbé par son jeu, la parole de l'adulte ne se distinguera pas d'un bruit parasite. C'est le phénomène d'« attention sélective » : toute la concentration de l'enfant se focalise sur son centre d'intérêt principal et son cerveau traite les appels du parent (et les autres stimuli extérieurs) comme des informations secondaires. C'est donc de toute bonne foi qu'il répond quand le ton monte et qu'il est tiré de son activité par la manche : « mais je ne t'ai pas entendu... »

Sa réaction dépend également de l'intensité du stimulus qui va permettre de capter son attention. Une sollicitation physique attirera davantage son attention (l'enfant se situe davantage dans l'action que dans la réflexion), sans qu'il soit pour autant nécessaire de se fâcher. Plutôt que d'en venir aux mains, on pourra aller à sa rencontre et s'intéresser quelques instants à ce qu'il fait avant de dire ce qu'on attend de lui – autrement dit entrer dans son univers pour lui permettre d'en sortir.

Ainsi, lorsqu'il est sur son jeu vidéo, on pourra lui demander où il en est de sa partie, pour lui permettre de « mettre sur pause » avant d'aller manger. À l'image de Stella, qui se transforme instantanément en un Dark Vador convainquant lorsque ses enfants jouent à la Guerre des étoiles, et qui encourage ainsi ses jeunes Jedi à prendre des forces pour les emmener sur la planète des mille et un repas intersidéraux !

autres membres de la famille. Hormis le fait que cela lui confère un statut particulier au sein de son éventuelle fratrie, cette pratique ne l'aidera pas dans le développement de ses goûts. D'une part, l'enfant aura davantage envie de goûter les mets que les autres semblent apprécier, de l'autre, trop de choix n'encourage pas nécessairement à la découverte et favorise plutôt l'hésitation. Comme dans toute expérience, il est parfois nécessaire de goûter plusieurs fois pour apprécier pleinement une préparation ; ce qui ne sera pas permis si, dès le premier essai, on passe à un autre plat.

Notons d'ailleurs que s'il appartient aux parents de faire les courses et de préparer les plats, le fait que l'enfant y participe peut grandement favoriser le bon déroulement des repas. L'enfant aura d'autant plus envie de goûter le légume servi que ce sera celui qu'il aura choisi pour sa « belle couleur » ou pour sa « forme rigolote », et qu'il aura préparé avec papa ou maman. Les rythmes survoltés auxquels sont soumis parents et enfants ne permettent pas toujours malheureusement que les courses soient faites dans une ambiance sereine. Cependant, en évitant que ces routines de la vie quotidienne (courses, cuisine) ne se transforment en contraintes, on diminue aussi le risque que des tensions viennent exploser au moment des repas.

Une autre source de conflit concerne l'installation à table lorsque vient l'heure du déjeuner ou du dîner. Beaucoup de parents aimeraient voir leurs enfants prendre place instantanément sans avoir à le leur répéter dix fois, à se fâcher ou à les menacer des plus sévères corrections. Une première règle qui facilite ce rituel c'est d'instaurer autant que possible des horaires réguliers pour ces deux temps forts de la vie familiale.

Range ta chambre !

Le phénomène d'attention sélective se présente aussi lorsqu'on demande à un enfant de ranger sa chambre alors qu'il est encore en train de jouer. À la frustration que constitue le fait de devoir mettre un terme à son jeu va s'associer un troisième facteur : la distractivité.

Léandre ne range pas ses jouets

C'est toujours la croix et la bannière lorsqu'il s'agit de demander à Léandre de ranger ses jouets.

« Pourtant, précise Léo, son père, je suis plutôt tolérant. Je ne dis rien quand il renverse sa caisse de jouets pour trouver plus facilement celui qui l'intéresse. Je comprends qu'il passe d'une activité à une autre et j'accepte qu'il joue dans le salon quand j'écris pour que l'on soit ensemble...

Aussi, j'estime que je suis en droit d'attendre qu'il range quand je le lui demande et de ne pas être obligé de me fâcher ou de le punir systématiquement pour qu'il m'écoute. Si je le laissais faire, le salon serait vite transformé en champ de bataille !

La dernière fois, après avoir crié à plusieurs reprises, j'ai dû le menacer de jeter tous ses jouets à la poubelle pour qu'il finisse par obtempérer. Et encore, j'ai dû me répéter plusieurs fois... »

Décryptage

Tant que la consigne ne porte pas sur quelque chose de précis, la réponse semble pouvoir être différée. C'est le principe de l'attention sélective. La menace de perdre ses jouets constitue un stimulus plus important qui peut alors extraire Léandre de son jeu et le faire réagir.

Rappelons cependant que des mises en garde, dont l'application reste difficile, ultérieurement, restent à éviter au risque de décrédibiliser la parole de l'adulte. Léandre comprendra vite que son père serait tout aussi peiné que lui de devoir se délester du ludique trésor qu'il a participé à constituer. Outre le fait que le rangement signifie la fin du jeu, pas toujours facile à accepter, un autre mécanisme intervient : **la distractivité (incapacité à fixer son attention)**.

À son âge, l'imagination de Léandre est en permanence en éveil, et son attention facilement détournée. Ainsi, au cours du rangement, son navire de pirate et les corsaires qui s'y livrent bagarre ont vite fait de lui faire oublier la mission dont il devait s'acquitter. Même si l'enfant a l'intention sincère de s'exécuter, chaque jouet saisi pour être rangé sera l'occasion d'un nouvel encouragement à se distraire...

Les cris et les menaces risquent seulement de favoriser des réactions impulsives de dissimulation. À l'approche de son père, il y a fort à craindre que Léandre se contente de fourrer très rapidement tout son bazar sous le lit, dans les tiroirs ou dans le coffre à jouets, sans le moindre rangement.

Il y a une explication simple à cela : avant 6 ou 7 ans (l'âge de raison), il est vain d'espérer qu'un enfant range (complètement) seul. Le rangement n'est pas quelque chose d'inné. Après cette période, cela reste encore une question d'apprentissage. Aussi, Léo (le père) a vite compris qu'il gagnerait à accompagner cette activité plutôt que de s'énerver, La présence de l'adulte permet de concentrer l'attention sur le rangement et d'éviter la distractivité. Ce qui peut être facilité lorsque le rangement est lui-même détourné en activité ludique.

▶ RANGER ÇA S'APPREND

Stella-Dark Vador n'est jamais très loin lorsqu'il s'agit de commander aux troupes interplanétaires (ses fils) de raccompagner à la base chaque vaisseau spatial (et tous les objets collectés au cours de leurs combats intergalactiques) ! Un jeu en remplace un autre le temps du rangement. Tout au moins il est conféré un aspect ludique à l'action de ranger : les voitures regagnent le garage, les poupées vont dormir, la famille des balles et des ballons se regroupent... Car l'intérêt du rangement n'est pas seulement de laisser une pièce propre et en ordre.

Apprendre à ranger c'est aussi apprendre à classer, ordonner, trier… mais pas seulement pour retrouver les choses plus facilement. C'est surtout fondamental pour aider l'enfant à organiser et à structurer sa pensée. D'où l'importance de l'accompagner dans cette activité qui permet de stimuler ses capacités intellectuelles, notamment ses fonctions logico-mathématiques de sériation ou de mémorisation. Il est nécessaire que l'espace soit organisé et prévu pour cela : tiroirs facilement accessibles, caisses à roulettes suffisamment spacieuses sont indispensables.

Parallèlement, si on veut développer le sens du rangement chez l'enfant, on pourra fréquenter des lieux où le rangement est de règle, comme les bibliothèques ou les ludothèques, tous ces endroits où la multiplication des objets de distraction (livres, jouets, CD…) exige qu'ils soient bien rangés. Le plaisir de s'y amuser sera associé à la nécessité de ranger, et constitue un argument bien plus efficace que les menaces ou les punitions.

Les gestes du quotidien

Parmi bien d'autres situations qui émaillent notre vie de tous les jours, le refus de s'habiller est un motif fréquent de conflits et de punition. Il y a différentes causes qui sont parfois associées.

Tom explose de colère après le bain

····➤ Le bain est un moment privilégié que Tom adore. Après le savon et le shampooing, et juste avant le rinçage, sa mère laisse toujours à ce petit garçon de quatre ans le temps qu'il lui faut pour jouer avec ses dauphins et autres personnages marins. Le séchage est toujours un moment de tendresse où, enroulé dans une épaisse serviette de coton doux, chacun profite du câlin. Aussi sa mère est-elle d'autant plus contrariée quand Tom explose de colère au moment de s'habiller.

Le ton monte rapidement : Tom demande à mettre ses vêtements seuls, puis refuse de mettre ses chaussettes, agite ses jambes lorsque sa mère essaie de lui mettre de force et les coups de pied ne sont pas loin...

Pour éviter le pire, la sanction tombe. Cinq minutes « au coin », pour permettre au calme de revenir. Et trouver un accord vestimentaire.

Décryptage

Quand on reprend la séquence des événements, on peut remarquer que les tensions commencent à se développer dès la sortie du bain. L'enfant a toujours du mal à passer d'une situation à l'autre. Il quitte un moment de bien-être et de jeu, mais avant qu'il puisse profiter du moment suivant, il lui faut traverser une période d'adaptation.

Au cours de celle-ci, la tension désagréable provoquée par la rupture avec une sensation de confort, la résistance déployée pour maintenir la situation agréable, et l'attente du retour d'une autre situation agréable favorisent l'explosion.

Pour Tom, s'ajoute aussi peut-être la déception de ne pas arriver à mettre sa chaussette tout seul, qui colle sur sa peau humide. Il n'en faut pas davantage pour que toutes ces contrariétés génèrent une colère qu'une mauvaise punition (fessée, cris, enfermement dans la chambre...) ne permettrait pas forcément d'apaiser.

Le choix d'un temps de pause et de mise à distance pour retrouver son calme est bien le plus judicieux. Il ne s'agit bien pas évidemment d'attendre une sérénité totale de la part de Tom mais un moment d'apaisement qui permet de renouer le dialogue.

Ainsi, les mots que la maman de Tom utilise pour décrire ce qu'elle imagine de sa réaction (« tu es peut-être en colère parce que le bain est fini », « tu as le droit d'être énervé de ne pas arriver à mettre ta chaussette, mais je ne suis pas d'accord pour que tu me donnes des coups de pieds »), comme pour évoquer ce qu'elle ressent ou ce qu'elle propose (« veux-tu que je t'aide maintenant ? »), contribuent à l'apaisement et à la restauration de la relation. Car ce temps de mise en suspens permet aussi à la maman de relativiser ses propres ressentiments.

Le passage abrupt d'une situation agréable (le bain, le jeu…) à la colère est souvent mal vécu par le parent. Cette incompréhension se double d'un sentiment d'injustice face à ce qui est perçu comme de l'ingratitude : « On fait tout pour lui faire plaisir à l'image de Martine qui préparait plusieurs menus pour sa petite Pauline et voilà comment on est remercié… »

Il est important de se détacher de ce sentiment qui favorise une réaction inutilement sévère. Pour l'enfant, il s'agit de deux temps différents : celui du plaisir et celui de la contrainte. Pour lui, le premier ne justifie pas l'autre.

Parfois, dans cette lutte pour ne pas s'habiller, il n'y a pas de colère à la base. Juste l'envie de jouer. Rappelons-nous le plaisir qu'un jeune enfant (et il n'est pas le seul !) peut avoir d'être tout nu. Si on lui court après pour lui mettre ses vêtements, la situation ne manque pas (tout au moins dans l'esprit du petit chenapan) de se transformer en un nouveau jeu… ce qui n'est pas forcément du goût du parent, stressé parce que ce n'est pas le moment ou que cela risque de le mettre en retard à son travail… La réaction de l'enfant fait bien souvent écho à la colère du parent, et la punition qui tombe est davantage justifiée par l'énervement de ce dernier que par une bêtise aux conséquences graves.

▶ LE DÉPART À L'ÉCOLE : UN MOMENT DÉLICAT

Certes, lorsque l'enfant traîne ou refuse de s'habiller, quand l'heure est venue d'aller à l'école alors que le temps du matin est compté pour tout le monde, la situation pose plus de problème. Dans ce cas, on peut toujours recourir à la technique du choix (relativement) illusoire. Pierre a proposé ainsi un jour à sa fille de 6 ans :

– Tu ne veux pas t'habiller ? Ce n'est pas grave. En revanche, comme l'école est obligatoire, je suis obligé de t'y accompagner. Donc, soit tu y vas en pyjama, soit tu mets une robe qui te plaît. En tout cas, on part dans quinze minutes !

S'habiller devient une contrainte qui met fin à un jeu ou à un moment agréable agissant comme un détonateur sur le terrain explosif de la frustration. Éteindre la télévision, sortir du bain, quitter la maison pour aller à l'école… Toutes les situations de changement peuvent être concernées, car elles constituent des moments de frustration : l'enfant est extrait d'un contexte agréable, distrayant ou de confort affectif pour passer à une situation dont il n'anticipe pas forcément le plaisir qu'il en tirera en remplacement.

ET AU-DEHORS

Les comportements inadaptés dont l'enfant peut faire preuve vont prendre une tournure particulière quand ils vont se manifester en dehors du cercle familial. L'extérieur correspond aux espaces de socialisation : crèches, écoles, jardins publics ou supermarchés sont autant de lieux où l'enfant, avec ou sans ses parents, se trouve confronté aux autres.

Cette situation peut favoriser des réactions que l'on considérera comme des bêtises, mais aussi engendrer un recours plus important aux punitions. Dans ce contexte social, certains enfants porteront atteinte à leurs petits camarades de jeu, ce qui engagera davantage la responsabilité des parents – lesquels y verront une circonstance aggravante – ; d'autres enfants ne feront que s'exposer au regard désapprobateur de leur entourage.

La crèche et l'école

Thomas mord

La « rentrée » à la crèche s'était plutôt bien passée, les nourrices n'avaient eu à faire part aux parents de Thomas que de quelques pleurs le premier jour. Les séparations et les retrouvailles des jours suivants s'étaient déroulées sans difficultés. Aussi, quelle n'a pas été leur déconvenue quand la responsable des assistantes maternelles les a convoqués pour se plaindre de Thomas :

– Il a mordu à plusieurs reprises une petite fille et, malgré nos remontrances, il a recommencé !

Le fait est qu'en dépit des punitions instaurées le soir à la maison, ce comportement a duré quelque temps.

Décryptage

La morsure est un comportement relativement fréquent chez le jeune enfant, qui, lorsqu'il correspond à un réflexe de défense (se protéger d'un autre enfant, récupérer le jouet qu'on veut lui prendre...), cède rapidement quand on lui propose de réagir différemment (appeler l'adulte, dire non...) et qu'on lui signifie bien que c'est interdit.

Ce geste se colore cependant, notamment lorsqu'il perdure, de nuances affectives bien spécifiques. Mû souvent par une pulsion, c'est-à-dire une action faite de manière irraisonnée, il traduit plus souvent un désir relationnel ambivalent (accaparer l'autre) que la seule envie d'être méchant ou de faire mal.

▶ NON AUX PARENTS MORDEURS QUI MONTRENT « CE QUE ÇA FAIT »

Nous pourrions faire le parallèle, toutes proportions gardées, avec le geste de bien des parents qui saisissent avec la bouche certaines parties du bébé comme pour le « dévorer » affectueusement. Thomas exprime en quelque sorte un désir mixte : il aime bien sa petite camarade, et en même temps cette dernière l'énerve, car elle ne fait pas exactement ce qu'il voudrait.

À la différence de ses jouets, qu'il dirige à sa guise, les autres enfants ont des réactions que Thomas ne peut pas toujours anticiper. De ce fait, il y a dans l'action de mordre comme la recherche d'une réaction prévisible (pleurs ou cris et retour d'attention) que l'on ne retrouve pas d'ailleurs avec les poupons !

Même si la tentation est grande – combien de parents l'on fait – de vouloir montrer à l'enfant « ce que ça fait » en le mordant à leur tour, on ne le dira jamais assez : il faut l'éviter absolument.

L'adulte sert de modèle. Comme l'éducation procède par identification et imitation, si un parent mord, il valide ainsi le fait que certains ont le droit de le faire, ne serait-ce que pour montrer le (mauvais) exemple. Dès lors, pourquoi l'enfant ne pourrait-il le faire s'il s'agit d'indiquer à son frère qu'il n'est pas content ? C'est l'exemple même d'une consigne paradoxale : « Je t'interdis de faire ce que je fais. »

Rappelons-le, l'enfant n'a pas peur d'avoir mal. Il arrive que certains enfants se mordent eux-mêmes, et le fait que ça leur fait mal ne les empêchera pas de l'infliger aux autres, bien au contraire…

▶ LA MORSURE : UN MOUVEMENT PULSIONNEL

Devant de tels comportements, plusieurs règles sont à énoncer. Comme il s'agit d'un mouvement pulsionnel, il est important de réagir avec promptitude pour que cela ait du sens par rapport au geste de l'enfant (le chapitre 7 insistait sur la nécessaire instantanéité de certaines réponses éducatives). Inutile d'attendre le soir pour lui faire la morale : il ne se souviendra plus de la morsure qu'il a infligée et encore moins des raisons qui l'ont poussé à mordre.

Pour modifier ce comportement indésirable, il sera plus utile de travailler sur le développement et l'harmonisation des relations entre les enfants. Les jeux et toutes les activités communes s'appuyant sur des médiateurs (ballons, peintures que l'on réalise ensemble, jouets que l'on partage…) constituent autant d'outils d'élaboration. L'autre consigne est l'anticipation. En présence d'un enfant qui a tendance à mordre, il est important de rester vigilant pour intervenir avant : à l'amorce d'un mouvement « à risque », on proposera un jouet pour médiatiser la relation entre les deux enfants.

L'impulsivité de l'enfant peut bien sûr prendre de cours ; dans ce cas, il est indispensable d'interrompre l'enfant dès que l'on s'en rend compte, et de le mettre à distance, le temps que se déchargent ses pulsions.

Aux jardins publics et dans les centres de loisirs

Enguerrand, la terreur des bacs à sable

Samantha M. n'osait plus aller au parc depuis qu'une petite fille s'était retrouvée le nez dans le sable, poussée par Enguerrand, son fils, désireux de lui prendre son seau. Cette fillette n'était cependant pas la seule, d'autres enfants s'étaient plaints et Samantha M. dut supporter les récriminations des parents courroucés par le « danger public » qu'était son fils.

Les différentes punitions restèrent sans résultat : malgré l'affirmation qu'il ne recommencerait pas, Enguerrand se retrouvait chaque jour impliqué dans de nouvelles batailles. Au point que sa mère envisageait de ne plus le conduire au parc. Mais les journées passées où l'enfant restait cloîtré à la maison devinrent vite un calvaire.

Sur les conseils avisés d'une amie, et après concertation avec les parents fréquentant le parc, il fut décidé que chaque enfant qui taperait ou tenterait de s'approprier indélicatement les jouets des autres serait écarté de l'aire de jeu.

Samantha M. a ainsi mis en place une forme particulière de mise à distance. Au parc, elle explique régulièrement à son fils, contrarié de voir les autres s'amuser : « nous, on ne peut pas y aller parce qu'on tape, et que cela n'est pas une règle autorisée sur l'aire de jeux. On pourra retourner jouer demain ou une fois prochaine, mais on sera obligés de ressortir si l'on se dispute à nouveau… »

Certes, un peu de persévérance sera requise pour qu'à chaque fois que se reproduit un comportement inapproprié, le parent intervienne et mette de nouveau l'enfant sur la touche, jusqu'à ce que les jeux et les échanges avec les autres redeviennent sereins.

Pendant cette « mise en quarantaine », l'enfant doit garder la possibilité d'avoir une activité, mais avec l'adulte présent à ses côtés, il serait bon qu'il puisse observer les autres jouer ensemble. L'adulte pourra commenter la façon dont les autres enfants s'amusent en groupe et se partagent les rôles, afin de l'aider à intégrer les règles et ses limites.

Bien des punitions peuvent être évitées si les situations inappropriées sont anticipées et commentées avec l'enfant, afin de l'associer à une réflexion sur ses responsabilités dans les désagréments qu'il occasionne à lui-même et aux autres. On ne soulignera jamais assez l'intérêt de la prévention.

Les colères inattendues... ne le sont jamais vraiment

Lorsqu'on repasse le film des événements qui ont précédé le mouvement d'humeur, on peut relever un certain nombre d'éléments qui aident à la compréhension de ce qui survient. Ce qui est valable à la maison l'est également à l'extérieur.

Pierre se roule par terre

La colère atteint son paroxysme. Les cris de Pierre, mélange de pleurs et de hurlements, vont crescendo, et il est difficile de savoir s'ils se nourrissent de tristesse ou de rage. On assiste à un mécanisme de « persévération » donnant l'impression que rien ne peut arrêter ce comportement. Le regard de l'entourage, que l'on imagine critique ou compatissant, devient pesant et n'aide pas à la gestion du conflit.

Toute situation frustrante peut être le point de départ d'une colère, selon le tempérament de l'enfant, sa sensibilité à la frustration et les façons avec lesquelles les situations précédentes ont été gérées. Plus on cède à sa colère, plus ce mode de gestion des relations risque d'être privilégié.

L'intensité de la crise favorise une excitation motrice dans laquelle l'agitation des bras et des jambes se transforme rapidement en coups de pied ou de poing. Bien sûr, s'ils sont rarement prémédités, en permettant de maintenir le parent à distance, ils deviennent dans un second temps un recours bien pratique. Mais à se stade, la mise à distance de l'enfant n'est pas toujours suffisante.

La « contention apaisante »

Elle a pour fonction de rassurer l'enfant tout en le maintenant physiquement pour éviter qu'il se fasse mal ou qu'il blesse son entourage. Elle n'a rien à voir avec un maintien de force qui consiste à le saisir par les deux bras en lui intimant l'ordre de s'arrêter, voire en le secouant. Cela ne pourrait que lui faire mal et n'empêcherait pas les coups de pied dans les jambes.

La contention, elle, s'accompagne de mots rassurants qui enveloppent l'enfant autant que les bras de l'adulte qui le maintiennent contre soi : on peut lui demander doucement de ne pas crier, et l'encourager à se calmer tout en commentant ses émotions : colère ou frustration dont il est victime. « Je comprends que tu sois très triste que l'on ait arrêté la télévision, mais c'est fini. Maintenant, c'est l'heure du bain. Doucement, mon bébé, calme-toi... »

On peut aussi détourner son attention : « tu as vu comme le chat a filé ! Je crois qu'il n'aime pas quand tu cries comme cela. Moi non plus, d'ailleurs... »

SOUTENIR LE REGARD DES AUTRES

Souvent, le plus difficile est de ne pas tenir compte du regard des autres. La crise de l'enfant interpelle nos compétences de parents : « Qu'ai-je fait (ou pas) pour que cela dégénère de la sorte ? Que faire pour que cela cesse au plus vite ? » Quand la crise survient en public, l'entourage devient le témoin de l'impuissance du parent, voire de son incompétence. Ces regards critiques seront d'autant plus mal vécus qu'ils s'accompagnent de commentaires déplaisants.

Le principe est de les ignorer. Mais il n'est pas toujours applicable, même si l'on se convainc que l'on fait de son mieux, et que nos réactions sont adaptées à la situation et/ou à l'enfant. Aussi, n'hésitez pas à lancer une remarque positive (« excusez-moi du dérangement... », « la journée a été éprouvante... », « nous sommes un peu fatigués »).

Au centre commercial : le royaume des tentations

Le centre commercial constitue un lieu propice à ce genre de colère. Tout y est réuni : il offre de nombreuses sources de tentations (jouets, friandises, objets variés à l'origine d'intérêts et de stimulations divers...) et donc autant de raisons de se sentir frustré. À cela s'ajoutent la fatigue lorsque les courses se font en fin de journée, et les regards (plus ou moins réprobateurs, apitoyés ou amusés) des clients faisant la queue aux caisses – lieu privilégié de ce genre de manifestations...

En cas de colère importante, pour éviter toute escalade et la tentation de céder à la demande de l'enfant (moyen privilégié pour obtenir tout ce qu'il désire) l'attitude la plus efficace consiste à appliquer le principe de la mise à distance et du temps de pause : concrètement, l'un des adultes responsables de l'enfant le sort du magasin, afin de le mettre à distance des stimulations négatives et qu'il retrouve son calme. Cet apaisement sera la condition indispensable pour rejoindre le reste de la famille qui poursuit les courses.

Si le parent est seul ou que la composition de la famille ne permet pas cette séparation, il sera plus judicieux que l'ensemble de la famille s'en aille de la grande surface, quitte à poursuivre les courses ultérieurement. Si le principe semble contraignant, il permet de ne pas s'inscrire dans le cercle vicieux de l'intolérance à la frustration : car en obtenant systématiquement tout ce qu'il veut, l'enfant ne développe pas sa capacité à gérer les insatisfactions. Or, plus il y sera sensible, plus ses colères augmenteront, en nombre et en intensité, et plus l'adulte sera enclin à y céder, renforçant ainsi l'intolérance à la frustration et le recours aux colères comme seul mode d'expression du désir inassouvi.

Après quelques colères bien gérées, il est fort probable que pourront se développer d'autres modes de formulation des envies, et une meilleure acceptation des refus ou des reports.

Les courses au marché

Cependant, si les crises se suivent et parfois se ressemblent, elles n'ont pas forcément la même origine.

····➤ Ben et Valérie aiment se promener au marché. C'est l'occasion de faire le plein de produits frais, et Salim, leur fils de trois ans, adore les accompagner. Pourtant, régulièrement, la sortie tourne au drame. Au bout de quelque temps, Salim demande à être porté. Mais sa mère lui explique qu'il est grand et lourd, maintenant, et qu'elle ne peut pas le garder dans ses bras pendant toute la durée des courses. Elle lui propose de s'installer dans la poussette, mais il refuse et les « caprices » commencent !

– Je pense que c'est un peu de paresse et surtout des caprices –, dit sa mère. S'il s'agissait de fatigue, il ne ferait pas tant d'histoires pour rester dans sa poussette ! Il a envie que je le porte et que je me plie à toutes ses volontés. Comme il ne veut rien entendre, je suis obligé de sévir…

Décryptage

Cette situation illustre une nouvelle fois combien les « malentendus » peuvent être à l'origine de conflits et de punitions dont on aurait pu faire l'économie.

Cette fois, ce qui frustre Salim, c'est l'impossibilité de voir ce qui se trouve sur les étals. En raison de sa petite taille, son regard n'arrive pas à la hauteur de ce sur quoi ses parents s'extasient. C'est pour cela qu'il veut être porté, ni par paresse ni par fatigue (car, il refuse de rester dans la poussette), mais pas davantage par caprices…

Il est donc important de porter l'enfant pour que ce soit vraiment une sortie partagée ; on pourra alors décrire ce que l'on voit ensemble sur les étals. Cependant, cela ne pourra pas durer pendant toute la sortie car la fatigue du parent doit aussi être prise en compte.

Il faudra seulement le dire à Salim : « J'ai besoin de me reposer, mais je te reprends dans mes bras dans quelques minutes… » Bien sûr, l'autre parent peut prendre le relais. Il est possible aussi de décrire ce qu'on voit et proposer à Salim de le porter selon ce qu'il y a à voir, car tout n'est pas forcément intéressant. Ben a fait le choix de ne pas porter Salim tout le temps, mettant ainsi en place un jeu qu'il appelle l'ascenseur où il le porte puis le repose, régulièrement. Valérie, elle, a fait le choix de se décharger dans la poussette des choses lourdes – cabas de courses, sacs –, afin de garder les mains libres et le dos léger.

« C'est ton cinquième tour de manège, maintenant, tu arrêtes ! »

Cette fois, la réponse aux « encore, encore ! » de l'enfant est ferme et définitive. Ugo est à peine arraché de la licorne qu'il chevauchait vaillamment que la crise a déjà explosé. « Tu ne feras plus jamais de manège, puisque c'est comme ça ! ». Invariablement, la frustration naît de l'arrêt d'une activité qui plaît à l'enfant, ce qu'il a du mal à anticiper même lorsqu'il est prévenu longtemps à l'avance. Ces situations ne manquent pas : arrêt de la télé pour passer aux devoirs, des jeux pour aller se coucher, du manège pour aller ailleurs, de la sortie au parc pour rentrer… on évitera plus facilement une crise si l'on prépare l'enfant à l'arrêt imminent de l'activité.

▶ UTILISER DES « MARQUEURS DE TEMPS »

L'enfant n'a pas la même perception du temps que nous, notamment celle du temps qui passe. On pourra inventer des petits trucs pour lui permettre de *voir* le temps s'écouler, par exemple, préciser le nombre de tours de manège, et en faire le décompte à chaque révolution, en annonçant plus que trois, plus que deux, plus qu'un... Mais l'enfant a aussi besoin que ces consignes soient imagées : on pourra ainsi utiliser les doigts de la main en en repliant un à chaque fois.

Le doudou, si c'est un poupon ou un petit animal, peut aussi être mis à contribution, en utilisant ses bras ou ses jambes pour symboliser chaque tour.

Pourquoi ne pas utiliser un gros sablier que l'on tournera un peu avant le moment où l'on veut mettre fin à l'activité, en précisant que lorsque la partie haute sera vide on passera à autre chose ? Quand il s'agit de télé ou de jeux vidéo, ce dispositif a le mérite de détourner un peu l'attention et de permettre une transition plus facile.

▶ PRÉPARER L'ARRÊT DU JEU

La conscience du passage à autre chose peut aussi être synonyme de changement. Lorsqu'on arrête une activité, c'est le plus souvent parce qu'une autre doit suivre. Le jeu prend fin parce qu'il faut faire ses devoirs, l'heure du bain succède à celle de la télé. Même lorsqu'il est question de dormir, c'est d'une nouvelle activité qu'il s'agit et d'autant plus si elle est introduite par la lecture du soir.

Plutôt que se fâcher ou de menacer de punir, on peut accompagner ce changement d'activité en aidant son enfant à canaliser son émotion. Au lieu de le gronder, on privilégiera la parole : « Je comprends ta colère, tu es fâché car tu as envie de continuer, mais on doit pourtant s'arrêter, parce qu'il y a autre chose à faire... »

Désormais, Ugo accepte mieux de s'arrêter de faire des tours de manège, puisqu'il sait que c'est pour passer à une autre occupation. Même lorsqu'il est question de rentrer, ses parents lui rappellent qu'il y a à la maison d'autres activités qu'il aime et qui les attendent.

Ainsi, l'enfant développe progressivement la gestion de ses émotions et de ses frustrations, mais il a besoin pour cela d'être soutenu et accompagné, bien plus que d'être sanctionné.

Anouck, mère de trois formidables garçons, a imaginé un jeu pour favoriser le développement des capacités à gérer les frustrations, et encourager la patience. Ainsi, au retour de l'école, sur le chemin de la maison, elle leur propose souvent une petite friandise pour les aider à patienter jusqu'au goûter. Cependant, ceux qui ont eu la patience d'attendre d'être arrivés pour la manger sont gratifiés d'une seconde récompense.

Tous les jeux qui s'appuient sur l'attente et la patience (le roi du silence, les monstres lents, les jeux d'adresse et d'équilibre…) sont autant d'activités qui encouragent le développement des capacités à gérer les frustrations.

CONCLUSION

L'Histoire, les cultures et les traditions, les habitudes sociales, et, plus encore, les influences morales et religieuses associent indéfectiblement éducation et punitions. Encore aujourd'hui, beaucoup ne conçoivent pas d'élever un enfant sans devoir y recourir. Inversement, un enfant turbulent, irrévérencieux ou affichant de mauvais résultats scolaires est perçu comme un enfant qui n'est pas suffisamment cadré, c'est-à-dire, pas assez puni. Les parents de cet enfant « mal élevé » seront bien vite culpabilisés de ce manque de sévérité.

Or la punition ne va pas de soi. Il est important de le souligner car elle ne peut exister par elle-même. Ainsi, on ne devrait pas punir « à l'avance » ou à des fins de prévention. Le risque encouru serait de l'inscrire dans un modèle de fonctionnement régi par la toute-puissance de l'adulte, et dont l'enfant ne tirerait aucun enseignement puisqu'elle pourrait tomber à l'improviste sans raison objective ou concrète. Elle ne peut se présenter que comme une réponse à une situation (attitudes, comportements, paroles…) qui va à l'encontre de ce que l'on attend de l'enfant – et elle ne s'impose pas d'emblée. Toutes ces pages nous ont permis d'envisager de nombreuses possibilités de réponses. Chacune est à évaluer en fonction de ce qui semble être en jeu et de ce que l'adulte sera tenté de nommer une bêtise.

Ainsi, il n'est jamais inutile de prendre le temps de caractériser ce comportement qui paraît inopportun, et notamment en quoi il est répréhensible. Comporte-t-il un risque pour l'enfant ou son entourage, ou n'a-t-il que l'inconvénient de déranger les adultes qui l'entourent ? *A contrario*, on se demandera à juste titre si cette sanction peut être utile à l'enfant, si elle lui apporte quelque chose. Peut-elle par exemple contribuer à lui apprendre les interdits, à développer son sens des responsabilités, ou l'aider dans son développement ? Les réflexions ainsi suscitées permettent de penser aux réponses les plus adaptées à l'attitude de l'enfant.

Mais qu'attend-on vraiment de cette sanction ? Beaucoup d'adultes (et d'enfants nourris de ce principe) pourraient spontanément affirmer : « Si un enfant fait une bêtise, c'est normal qu'il soit puni. » Mais ce critère de normalité contient l'idée sous-jacente d'une « justice » identique à celle qui prévaut pour les adultes : « les coupables doivent être condamnés » ! La punition est alors habitée par un esprit de vengeance, qui prend le pas sur le principe éducatif.

Or il ne faut pas oublier que l'enfant n'est pas un adulte en miniature, mais un individu en développement. Il a des besoins qu'il est indispensable de combler pour lui permettre de grandir, tant sur le plan physique que psychologique et affectif. Et il a également tout à apprendre : le respect, l'empathie, le sens de l'effort, la conscience de ses responsabilités – compétences humaines tout aussi fondamentales que les apprentissages scolaires –, et nombre de ses actions constituent pour lui des expériences. Certaines heureuses, d'autres non, certaines sur le mode du jeu, d'autres sur celui de la provocation...

La punition s'inscrit dans un paradoxe si elle sanctionne comme une faute une situation qui n'est en fait que le fruit d'un développement incomplet, et que dans le même temps, elle se prétend éducative, c'est-à-dire permettant justement d'apprendre ce que l'enfant ne connaît pas encore.

Il n'est donc pas antinomique de renoncer aux punitions pour vouloir bien éduquer ses enfants. D'autant qu'avant de songer à punir, il est judicieux de s'assurer que l'on a bien répondu à deux principes essentiels qui contribuent aux règles du jeu parental : le premier étant de combler les besoins des enfants, le second de les occuper et de les divertir. Ces attentions peuvent intervenir tour à tour soit de façon préventive, en évitant, s'ils sont remplis, bien des comportements inadaptés, soit pour fournir des solutions lorsque la « bêtise » correspond davantage à l'expression d'un besoin insatisfait.

Lorsque cela ne suffit pas, on pourra songer à deux autres principes qui aident à la résolution d'une crise : la suspension (la mise à distance des facteurs d'aggravation des tensions) et la diversion.

Élever un enfant correspond avant tout à l'aider à s'élever, alors que punir ne contribue qu'à le rabaisser.

S'il paraît bien souvent difficile de renoncer à la punition, c'est aussi qu'elle conforte l'impression d'être un bon parent. Ne pas punir est fréquemment vécu comme une démission parentale. On pourrait alors proposer de sanctionner, plutôt que de punir. La nuance n'est pas que sémantique. Si l'on ouvre le dictionnaire, on trouve les informations suivantes : le terme tire son origine du latin *sanctio,* « prescrire », et signifie initialement « établir une loi » ; la sanction est ainsi la conséquence naturelle d'un acte, la confirmation considérée comme nécessaire de cet acte. Ce n'est qu'ensuite qu'elle prend le sens de *peine* ou de *récompense* prévue pour assurer l'exécution d'une loi : sanctionner, c'est confirmer par une sanction le caractère bon ou mauvais, adapté ou non, d'une situation, d'un acte, d'un comportement. La sanction peut donc aussi consister en une récompense. La règle pourrait être alors : mieux sanctionner pour ne plus punir.

L'éducation, en règle générale, ne se conçoit pas sans intégrer le principe de la punition. Mais si cette dernière peut faire retenir une leçon, elle favorise aussi le développement d'attitudes reposant sur le principe « pas vu, pas puni ». Elle n'empêche donc pas la récidive, quelle que soit l'intensité de la punition, sa durée, ou la mortification qu'elle inflige à l'enfant. On ne soulignera jamais assez l'erreur consistant à croire que s'il y a répétition de la faute, c'est que la punition n'a pas été assez forte. Augmenter sa charge répressive n'encouragera en fait que les processus d'évitement : mensonges, omissions et autres dissimulations. L'enjeu réside donc davantage dans la responsabilisation des enfants. C'est ce qui leur permettra de reconnaître leurs erreurs et de chercher à les réparer, mais également de faire des choix plus appropriés.

Il appartient aux parents d'inciter les enfants à faire ces choix, en les encourageant de façon positive.

Une éducation sans punitions n'est pas une éducation où tout est autorisé et rien n'est sanctionné. C'est une éducation où les règles ont été souvent précisées et suffisamment bien définies pour favoriser la délimitation de « périmètres de sécurité », à l'intérieur desquels l'enfant, puis l'adolescent, sait qu'il peut faire l'expérience de ce qui est autorisé. Les risques ne sont pas nuls, pour autant, mais restent circonscrits à des situations qui peuvent avoir valeur d'expérience. Les gratifications qu'en retirent les enfants favorisent la spirale vertueuse des choix les plus adaptés.

Les notions d'autorité parentale et de respect dû aux parents se développent conjointement aux moments passés ensemble : chacun y joue son rôle (de parent, de fils, de fille, de frère ou de sœur…) et tisse avec l'autre des liens familiaux. Parce qu'elles croissent ainsi avec des relations qui évoluent, ces notions n'ont pas besoin d'être imposées, encore moins par la force ou la violence de quelconques punitions.

La responsabilité est au cœur de ces relations et pourrait se décliner ainsi : les parents sont responsables de leurs enfants et les enfants sont responsables de leurs actes.

Ainsi se conçoit une manière de sanctionner qui, tout en respectant l'enfant en tant qu'individu (en développement), lui permet certes de comprendre ses fautes et ses réussites, mais surtout de grandir harmonieusement en devenant responsable. De la sorte, l'enfant consolide non seulement son estime de soi, mais aussi le respect qu'il ressent pour son entourage en général et ses parents en particulier. Quoi qu'il en soit, dites souvent aux enfants que vous êtes fiers d'eux et ne ratez aucune occasion de souligner qu'ils ont fait beaucoup de progrès.

BIBLIOGRAPHIE

Antier Edwige, *l'Autorité sans fessée*, Robert Laffont, 2010

Bacchus Anne, *Cent façons de se faire obéir*, Marabout, 2012

Betthelheim Bruno, *Pour être des parents acceptables*, Robert Laffont, 1988

Brazelton Thomas Berry, *Écoutez votre enfant*, Payot, 2006

Clerget Stéphane et Costa-Prades Bernadette, *Parents, osez-vous faire obéir*, Albin Michel, 2007

Clerget Stéphane et Laufer Danièle, *la Mère parfaite, c'est vous*, Hachette, 2008

Dolto Françoise, *Tout est langage*, Gallimard, 1994

Dolto Françoise, *les Chemins de l'éducation*, Gallimard, 1994

Duclos Germain et Martin, *Responsabiliser son enfant*, édition de l'hopital Sainte-Justine, 2006

Filliozat Isabelle, *J'ai tout essayé*, Lattes, 2011

Georges Gisèle, *Mon enfant s'oppose*, Odile Jacob, 2000

Halmos Claude, *l'Autorité expliquée aux parents*, Nil, 2008

Klein Melanie, *la Psychanalyse des enfants*, PUF, 1953

Marcelli Daniel, *Il est permis d'obéir*, Albin Michel, 2009

Piaget Jean, *De la pédagogie*, Odile Jacob, 1988

Pleu Didier, *De l'enfant roi à l'enfant tyran*, Odile Jacob, 2002

Rousseau Jean-Jacques, *Émile ou De l'éducation*, 1762

Saint-Exupéry Antoine (de), *le Petit Prince*, Folio, 1999

Unell Barbara et Wyckoff Jerry, *Se faire obéir sans crier*, Marabout, 2005

Valet Gilles-Marie, *l'Enfant de 6 à 11 ans*, coll. « poche », Larousse, 2010

Winnicott Donald Wood, *l'Enfant et sa famille*, Payot, 1971

Imprimé en Espagne par Unigraf S.L.
Dépôt légal : janvier 2013
307637/01 - 11015833 - décembre 2012